Padres y adolescentes más amigos que enemigos

Padres y adolescentes más amigos que enemigos

Una mirada inusual al mundo de la adolescencia

Michael Riera, Ph.D.

Traducción
Elvira Maldonado

Bogotá, Barcelona, Buenos Aires, Caracas, Guatemala,
México, Panamá, Quito, San José, San Juan,
San Salvador, Santiago de Chile, Santo Domingo

Riera, Michael
Padres y adolescentes: más amigos que enemigos / Michael Riera;
Traducción Elvira Maldonado. — Bogotá: Grupo Editorial Norma, 2004.
264 p. ; 23 cm.
ISBN 958-04-7982-8
Título original : Uncommon Sense for Parents With Teenagers
1. Psicología del adolescente 2. Padres e hijos 3. Educación para la vida familiar
I. Maldonado, Elvira, tr. II. Tít.
155.5 cd 20 ed.
AHW2124

CEP-Banco de la República-Biblioteca Luis Ángel Arango

Printed in Colombia. Impreso en Colombia
por Prensa Moderna Impresores S.A. Noviembre de 2004

Edición, Olga Martín
Diseño de Cubierta, Maria Clara Salazar
Armada electrónica, Gloria Inés Hernández

Este libro se compuso en caracteres AGaramond

ISBN 958-04-7982-8

Para Betty y Pat Riera,
quienes hicieron todo lo posible
por Peter, por Tim y por mí.
Con amor, gracias.

Contenido

PREGUNTAS FRECUENTES DE LOS PADRES

Prefacio

Este libro es el resultado de trece años de trabajo con más de seiscientos adolescentes y más de doscientos padres en diferentes ambientes (tanto en escuelas secundarias y universidades, como en programas de atención en hogares y en escuelas preuniversitarias).

En mi opinión, la adolescencia es una etapa fascinante de la vida. Me siento más optimista cuando estoy rodeado por adolescentes y, aunque le puede sonar un poco extraño, suelo fijarme en los aspectos *más positivos,* esos que tienen que ver con el crecimiento y con los logros, los cuales suelen pasar desapercibidos en casa. La adolescencia no es un estadio de la vida al que debamos temer; es una época de fascinación, de curiosidad y de cambios inesperados y, por tanto, es muy diferente de las distintas etapas de la infancia.

Lo que los padres necesitan es una especie de traducción de este período, algo que les permita comprenderlo, porque el aislamiento que experimentan los padres de los adolescentes suele ser muy profundo. Hay muchos libros acerca de la infancia, pero pocos relacionados con la adolescencia. Es como si fuera necesario contener el aliento para contemplar el salto de la infancia a la entrada en la edad adulta, momento en el que es posible exhalar un profundo respiro de alivio. Yo aspiro a reemplazar con optimismo y esperanza el aislamiento, el silencio y el temor que experimentan los padres durante esta etapa de la vida de sus hijos. Este libro se refiere exclusivamente a los adolescentes que cursan la secundaria y ofrece una amplia gama de los puntos de vista, las luchas y las conclusiones de los adolescentes y los padres con los que he tenido contacto. Nunca escuché dos veces un relato idéntico, pero siempre he percibido el mismo deseo implícito de comprensión en el que se basa cualquier solución.

Éste no es un libro de recetas, pues todos los adolescentes son distintos. Si bien es cierto que todos, en mayor o en menor grado, atraviesan la misma ruta, es igualmente cierto que los estilos, la idiosincrasia y las personalidades son diferentes. Esto lo puede confirmar cualquier padre con más de un hijo. Al comprender el contexto del mundo de los adolescentes, usted estará en capacidad de admitir que cada adolescente es único e irrepetible. Los estereotipos de la adolescencia pueden ser engañosos.

Mamá (a su hijo que llega a casa después del entrenamiento de béisbol): "¿Cómo te fue en el colegio? ¿Pasó algo interesante?"

Hijo (que lo primero que hace es abrir el refrigerador): "¡Qué va! Lo mismo de siempre. ¿Hay jugo de naranja?"

Mamá: "Pues no. Nos lo tomamos todo esta mañana. Entonces, ¿nada de nuevo hoy? Pero, ¿y el examen de historia?, ¿Cómo te fue?"

Hijo: "Pues fue bastante fácil. ¿Hay gaseosa?"

Mamá (un poco decepcionada): "No. Tu papá no ha hecho el mercado de esta semana… ¿Y qué tal el entrenamiento? ¿Te gustó?"

Hijo (se dirige a su cuarto con un tazón de cereal en la mano): "Lo mismo de siempre".

Mamá (empieza a irritarse): "John, ¿por qué ya no quieres hablar conmigo y ni siquiera quieres contarme qué pasó en el colegio?"

Hijo (medio sorprendido pero con cierta arrogancia): "Pero bueno… ¿Hoy tocó el test de las veinte preguntas en casa? Me voy a mi cuarto; llámame cuando esté lista la cena".

(El hijo entra en su cuarto, se echa sobre la cama a comer su cereal y a escuchar música, la que no sólo es estridente, sino que está a un volumen muy alto, según su madre, quien, por supuesto, le pide que lo baje.)

Mamá (no olvida tocar a la puerta): "John, John, ¿me escuchas?"

Hijo (tarda un poco más de lo necesario en responder): "¿Qué pasa? ¿Y ahora qué quieres?"

Mamá (abre la puerta y asoma la cabeza en el cuarto): "John, baja el volumen. Estoy tratando de trabajar y la música a ese volumen no me deja concentrar".

Hijo (con un suspiro profundo y exagerado): "¡Bueno! Ya lo bajo". (Luego, moviéndose muy lentamente como si el esfuerzo fuera demasiado grande, murmura entre dientes, pero tratando de que su madre lo oiga): "No queremos hacer nada para que yo pueda descansar ahora, ¿no es cierto?"

Mamá: "¿Qué dijiste?"

Hijo (apenas si baja el volumen): "Nada. Ahí lo tienes. Ya lo bajé".

(La mamá se retira más desconcertada y frustrada que antes. Cinco minutos después, la música retoma milagrosamente el volumen inicial, o tal vez se le está llenando la copa a la madre.)

Mamá (toca de nuevo en la puerta, un poco más duro ahora): "John, John, baja el volumen, por favor". (Luego, después de esperar un poco, y no recibir respuesta, abre la puerta.) "John, por favor, baja el volumen".

Hijo (en tono muy airado): "Pero bueno, ¡ahora ya no tocamos en la puerta! Quiero decir, ¿no tengo derecho a la más mínima privacidad? Yo no entro así como así en el cuarto de ustedes, ¿o sí? ¿Qué tal si me respetaras un poquito, una que otra vez?"

Mamá (al borde de la desesperación): "¡Simplemente baja el volumen!"

(La guerra parece inminente. La madre se aleja del cuarto de John, preguntándose qué le ha pasado a su hijo. También se pregunta qué ha hecho ella para merecer esto y, además, qué hizo para que las cosas llegaran a este punto. ¿En qué se equivocó ella al educar a su hijo?)

Cuando les presento este diálogo a un grupo de adolescentes, ellos suelen reír y mover la cabeza como tratando de indicar que conocen estos episodios porque lo mismo pasa en su casa y en la de sus amigos. Cuando les ofrezco el mismo diálogo a los padres, éstos primero bajan la mirada nerviosamente y sólo unos pocos minutos después empiezan a sonreír para sí mismos antes de mirar a su alrededor para ver cómo reaccionan los otros padres. El paso siguiente es analizar el diálogo, para tratar de comprender por qué sucede esto y tratar de estudiar las diferentes reacciones de los padres, con el fin de evitar tanto la guerra como llegar a conclusiones culpabilizadoras. En realidad, hay una especie de lógica que explica esto, pero los adolescentes no saben cómo, porque, la verdad, ni ellos mismos la entienden. De hecho, cuando logran entenderla, ya han dejado de ser adolescentes. Por tanto, a los padres les corresponde tratar de encontrar e interpretar esta lógica para descubrir sus propias respuestas a las necesidades de los adolescentes.

Tanto los padres como los hijos guían su comportamiento, sus actitudes y su manera de interpretar el mundo según distintos puntos de vista. Pero los adolescentes no quieren establecer relaciones conflictivas, así como usted tampoco lo desea. De hecho, al hablar acerca de este libro con varios adolescentes, me dijeron: "Si este libro logra simplemente que los padres se den cuenta de que nosotros no somos el enemigo, habrá valido la pena".

En últimas, los padres son los únicos responsables de la educación de sus hijos, por esto deben tratar de estar atentos a cuanto recurso esté disponible: ya sea hablar con otros padres, leer artículos y libros, mantener la mirada atenta al proceso de su propio hijo adolescente, o recurrir a la ayuda especializada cuando sea necesario. Esta responsabilidad debe hacer de usted un receptor con una capacidad crítica y analítica que le permita hacer uso de las ideas útiles para su caso, modificar algunas y dejar de lado otras. No deseche ninguna antes de ponerse a prueba, siempre con el ánimo de saber por qué la está desechando, de esta manera no limitará su capacidad para comprender a su hijo adolescente.

Ser padre de un adolescente no es una tarea fácil. Yo no soy padre ni adolescente. Sin embargo, tengo una llave de acceso a los dos mundos. Me ha sorprendido constatar que los padres buscan, con avidez, información, preparación y nuevas ideas que les permitan comprender la multiplicidad de comportamientos de los adolescentes. También he podido comprobar que algunas preguntas muy generales que se plantean en grupo requieren un seguimiento particular en la intimidad de mi consulta. Con este libro, intento responder a estas dos aproximaciones al problema. En él, usted encontrará muchos relatos, anécdotas, conversaciones, cartas y, en general, citas de afirmaciones de adolescentes que aclaran las ideas que ofrece. (Las citas de las afirmaciones de los adolescentes no son directas, son adaptaciones que me permiten comunicar el tipo de cosas que he podido escuchar una y otra vez en el transcurso de los últimos trece años. También hice una adaptación de los detalles íntimos para asegurarme de no traicionar ninguna confidencia.) Todos estos relatos le ayudarán a saber qué pasa en los otros hogares en lo que a la relación padres-adolescentes se refiere.

Una gran diversidad de preguntas jalona este libro. Después de los tres primeros capítulos, que contienen una mirada general a la relación padres-adolescentes, al mundo de los adolescentes y al mundo de la secundaria, el libro le ofrece una serie de reacciones (no respuestas) a inquietudes planteadas con frecuencia por los padres y por otros adultos que están en contacto directo con los adolescentes. La tabla de contenido da la pauta de los temas que se tratan; la tabla de preguntas es una lista de las preguntas de los padres que se abordan en el texto. Tenga presente que aunque haya algunas que no le parezcan relevantes en su caso, pueden ser, de hecho, una fuente de soluciones para muchos otros problemas; por esta razón, es importante que lea todo el libro. Se podrá dar cuenta de que respondo las preguntas con mucha amplitud y de modo progresivo, para tratar de satisfacer los requerimientos de una aproximación positiva a las relaciones padres-adolescentes.

Si bien este libro no fue concebido como un libro de recetas con soluciones puntuales, saber cómo lograron otros padres solucionar sus problemas lo inspirará y le dará confianza para dar forma a soluciones que respondan a su situación, a sus valores y a su familia. Esto no se logra de un día para otro, es un proceso gradual. Entonces, manos a la obra.

Capítulo 1

La relación padres-adolescentes

La sabiduría convencional ha definido la relación padres-adolescentes como algo inevitablemente conflictivo. Los dos lados se ven uno a otro como "el enemigo" y, en consecuencia, ser padre o ser adolescente implica, desafortunadamente, asumir un papel destructivo.

Este libro presupone que esta sabiduría convencional está equivocada. De hecho, sugiere una concepción mucho más útil de la relación padres-adolescentes. Pero, ¿de dónde surge esta noción de enfrentamiento y por qué ha durado tantos años?

Cuando nos reunimos con un grupo de padres una tarde cualquiera para discutir y tratar de aprender algo acerca de la adolescencia, la reunión se inicia con una lluvia de preguntas. La primera que surge es: "Cuando usted piensa en la palabra 'adolescente', qué otras palabras se le vienen a la mente?" Muy pronto tenemos una larga lista, que anotamos en el lado izquierdo del tablero.

Entonces pasamos a la segunda pregunta: "¿Qué decisiones inmediatas o de largo alcance tienen que tomar los adolescentes cuando están en la secundaria?" Esta lista también suele completarse rápido, pero no tanto ni tan placenteramente como la primera. Ésta la copiamos en el lado derecho del tablero. Tómese unos minutos para leer las dos listas que se reproducen en la Tabla 1 en la página siguiente.

Tabla 1

Palabras que describen a los adolescentes	Temas y decisiones de los adolescentes
Egoísta, temperamental, idealista, impredecible, divertido, aletargado, psicótico, irresponsable, hosco, independiente, malhumorado, irritable, dependiente, exigente, sombrío, parcialmente responsable, manipulador, retador, comediante, tímido, discutidor, irrespetuoso, terco, solapado, temeroso, inseguro, narcisista, vulnerable, comelón, dormilón y distante.	Qué amigos quieren tener; qué tipo de amigo quieren ser; relaciones sexuales, sexualidad, alcohol y drogas; importancia de la escuela y de las notas; problemas de clase social; dificultades económicas; racismo; problemas de identidad; relaciones con la familia; tratar de saber quiénes son y qué quieren; buscar la coincidencia entre lo que sienten y la imagen que los demás tienen de ellos; estudios universitarios; SIDA; la violencia diaria que los rodea; problemas del medio ambiente, y sentimientos contradictorios en relación con todos los puntos anotados.

Al ver estas dos listas, una junto a la otra, los padres tienden a reaccionar de diversas maneras. El mejor resumen de estas reacciones sería: "Cualquier persona que esté en esa situación (la lista de la izquierda) no debería tener que tomar esas decisiones (las frases de la derecha)". Después, los padres se ven enfrentados a una segunda evidencia: los adolescentes están en esa situación, están enfrentando esos problemas y tienen que estar tomando esas decisiones. Como padre, usted necesita ser totalmente consciente de este hecho y reconsiderar sus actitudes frente a ellos teniendo en cuenta todo esto. No se trata de intentar convencer a su hijo adolescente para que tome las decisiones "correctas" según usted, pero tampoco de permanecer pasivo y con los brazos cruzados. Tampoco se trata de seguir haciendo lo que tuvo que hacer durante los primeros trece años de vida de su hijo. La adolescencia implica una interacción totalmente diferente. Las reglas y los objetivos han cambiado drásticamente, tanto, que lo que hasta el momento parecía funcionar, ahora parece empeorar las cosas. Retomaremos este punto más adelante.

Cuando realizo un ejercicio similar con adolescentes, los padres son ahora el objeto de la lluvia de ideas; los resultados también son iluminadores. Un grupo de preguntas tiene que ver con los tres períodos de la relación padre-hijo. En la primera ronda, las preguntas tienen que ver con las relaciones con un niño pequeño, en la segunda, con un niño de tercer grado y en la tercera, con un chico en los últimos grados de la secundaria. Las preguntas son: "¿Qué quiere un padre promedio para su bebé, su niño, su adolescente? ¿Cómo se manifiesta esto en su comportamiento y sus actitudes hacia su hijo?" En la Tabla 2 encontrará las respuestas.

Tabla 2

Niño pequeño	Niño de tercer grado	Chico de secundaria
Mucha atención, apoyo, juego, juguetes, cariño, deseo de estar con él, caricias, canciones, lectura en voz alta, actuaciones, orgullo, emociones, sostenimiento, alegría absoluta,"nada es suficiente", aceptación total.	Involucrarse en distintos aspectos de su vida, organizando sus actividades (danza, música, deportes, etc.); apoyo y seguimiento de su proceso escolar, enseñándole y ayudándole con las tareas; dar responsabilidades y supervisarlas; críticas constructivas; retroalimentación cariñosa; límites y reglas con libertad restringida; enseñar la diferencia entre lo correcto y lo incorrecto; expectativas adecuadas.	Gritos, mucha culpa, límites y reglas exagerados, control excesivo, estímulo, elección, expectativas poco realistas, apoyo, castigo, elogio limitado, críticas severas, demasiado interés en su vida (excesivo y obsesivo), "pequeñas conversaciones" y cenas familiares, "demasiada diversión es igual a problema", atención a los amigos y a la clase de persona que son, celos prejuiciados, falta de contacto significativo, conflicto, discusiones acaloradas, demasiadas preguntas, falta de confianza.

Es evidente que los chicos sienten que sus padres los ayudaban y se preocupaban por ellos cuando eran pequeños, pero, cuando entran en la adolescencia, los perciben como entrometidos, desconfiados y demasiado controladores. ¡Notable cambio de perspectiva! De hecho, para los adolescentes es imposible comprender que no se trata de que sus padres hayan decidido cambiar y reemplazar la actitud amorosa y protectora por otra incomprensiva y entrometida. Llegan a pensar, incluso, que sus padres no saben cómo ser padres de un adolescente. Es cierto que pudieron afrontar la infancia de su hijo sin demasiadas complicaciones, pero esto no es necesariamente un entrenamiento para enfrentar la paternidad de los adolescentes. Cuando los adolescentes comprenden esto, empiezan a ver cómo pueden ayudar, incluso "apoyar" a sus padres en este proceso. Ellos pueden ejercer mucha influencia si deciden hacerlo, pero esto difícilmente cabe en la cabeza de la mayoría de los chicos de catorce años.

Ahora, tómese unos minutos para revisar las dos listas (Tablas 1 y 2). A primera vista, parecería que las dos refuerzan la idea de que las relaciones padres-adolescentes son necesariamente conflictivas. Deténgase y piense qué pasa cuando su hijo entra en la secundaria. Hasta este momento, usted ha asumido la posición de "director técnico" de la vida de su hijo: le organiza sus desplazamientos y sus citas médicas, le programa las actividades para los fines de semana, le ayuda y le corrige sus tareas. Está permanentemente informado de su vida escolar y casi siempre es la primera persona a la que su hijo recurre cuando tiene alguna pregunta importante. De repente, nada de esto parece ser necesario. Sin que nadie se lo notifique y sin haber llegado a ningún consenso, a usted lo despiden de su trabajo como director técnico. Ahora le toca hacer un alto y buscar nuevas estrategias. Si quiere ejercer una influencia significativa en la vida de su hijo adolescente durante este período y de ahí en adelante, es necesario que se esfuerce por quitarse de en medio, para que le renueven el contrato, ahora en calidad de "asesor". ¡Y así deben ser las cosas! Muchas de las confrontaciones en la relación tienen que ver con que ni los padres ni los adolescentes comprenden la necesidad de que se dé esta modificación de roles.

Como los padres han asumido exclusivamente actitudes directrices en relación con la vida de su hijo, cuando el chico entra en la adolescencia no suelen ver qué razones hay para cambiar. Incapaces de explicarse el cambio repentino en el comportamiento de su hijo adolescente, muchos padres asumen su función directriz con más ahínco y fervor. Esto es recibido por el chico con resentimiento, y los resultados pueden ser desastrosos. La reacción de otros padres es totalmente opuesta: se vuelven pasivos y virtualmente abandonan cualquier rol frente a su hijo adolescente (no asumir ningún rol para ellos equivale a evitar conflictos); los resultados de esta actitud pueden ser muy desafortunados.

Mirando las cosas desde el otro lado de la relación, cuando los adolescentes se dan cuenta de que la dirección técnica de sus padres dejó de ser útil porque ahora su primer objetivo es obtener su libertad, no les interesan los roles alternativos. Quieren tener una mayor ingerencia en su vida y harán todo lo que puedan para lograrlo, incluso tolerar y racionalizar los sentimientos de culpa que pueden experimentar si desilusionan y tratan de apartar con cierta agresividad a sus padres. Por tanto, para muchos adolescentes es grato darse cuenta de que sus padres pueden pasar de "directores" a "asesores", lo que les deja a ellos la posibilidad de ser arte y parte en la relación. Es decir, si los padres renuncian a su rol de directores, los jóvenes van ganando autonomía sin tener la sensación de abandono, y los padres pueden ser asesores importantes y valiosos. Después de todo, ¿quién conoce mejor la historia de un adolescente que sus padres? ¿Quién puede desearle únicamente lo mejor? ¿Quién está dispuesto a asumir cualquier clase de riesgos por él? ¿Quién lo ama y lo perdona siempre, aunque cometa toda clase de disparates? ¿Quién cree en él, por lo menos en igual medida que él mismo? Sin embargo, estos cambios de actitud sólo son posibles si los padres logran asumir el nuevo rol, menos impositivo, y si los adolescentes logran confiar en esta nueva forma de presencia paterna. Más adelante volveremos a tratar este punto.

Como asesor, usted aconseja y sugiere cuando se le pide ayuda. Si no lo hace así, perderá al cliente. La retribución y la admiración ya no son respuestas inmediatas. Y cuando su cliente (el adolescente) le pide consejo, es importante que usted se asegure de que en realidad quiere el consejo. Muchas veces lo que el adolescente quiere realmente es tener la sensación de haber tomado la decisión por sí mismo. Algunas veces pierde la confianza en sí mismo y le pide prestada su seguridad por un tiempo.

> Es un poco extraño. Muchas veces les pido a mis padres que me aconsejen qué hacer en un momento dado, pero después me enojo con ellos cuando me dan consejos. Yo sé que ellos piensan que estoy loco cuando pasa esto. Pero a veces necesito encontrar la respuesta yo mismo y, aunque quiero su ayuda, tampoco quiero que me traten como a un niño.

Los consejos no sirven de nada cuando el problema real es que el adolescente ha perdido confianza en sí mismo. La experiencia nos indica que no debemos interpretar literalmente la petición de consejo de un adolescente sino hasta la tercera vez que nos la formula. Nadie quiere un asesor que intenta apoderarse del negocio. Lo que usted está haciendo en este caso es *no hacer*, es decir, esperar, no abandonar. En su nueva calidad de asesor, usted tiene que saber reservar sus "tácticas en el ejercicio del poder" para asuntos relacionados con la salud y la seguridad; todo lo demás es hasta cierto punto negociable. No ir a una clase de biología no es una falla equiparable, en modo alguno, a conducir después de haber bebido. Por último, en esta etapa de su relación, usted ya no es el centro de la admiración y la alabanza de su hijo, más bien se convierte en el chivo expiatorio de la confusión que es producto de su adolescencia. (Ver Tablas 1 y 2.) En su anterior calidad de director técnico, la retroalimentación que recibía de su hijo le daba un gran placer porque la recibía como un reflejo de usted como persona; ahora, como asesor, tiene que aprender a no tomar esa retroalimentación muy a pecho, pues refleja mucho más la confusión del chico que lo que éste piensa de usted.

Recuerdo que mi hijo, cuando tenía siete años, solía estar siempre cerca de mí. Le gustaba lavar el auto conmigo, ayudarme a podar el césped, ir conmigo al basurero y, en el camino, siempre quería tocar la bocina y saludar a sus amigos. Llegó, incluso, a convencer a mi esposa de que le comprara unos *jeans* iguales a los que yo uso durante los fines de semana para estar en casa. Tengo que confesarlo, ¡era maravilloso! Y esto no era todo, también me escuchaba y yo podía responder a sus preguntas. Un día lo escuché decirle a uno de sus amigos que creía que yo era el hombre más inteligente del mundo. Pero todo cambió cuando entró en la adolescencia. Me retaba permanentemente y cuestionaba todo lo que yo decía. Le pidió a su madre que lo dejara usar otro tipo de vestidos: "Oye, no sé si te das cuenta de que no tengo cincuenta años. ¡No quiero andar vestido igual a papá!" Y no quería, por ningún motivo, ir en el automóvil conmigo, a menos que le prometiera no tocar la bocina si había algún amigo por ahí. Además, cuando pasaba cerca de ellos, trataba de esconderse para que no vieran que iba conmigo. Llegó también a pedirme que lo dejara en la esquina de la escuela cuando lo llevaba en las mañanas, para que no lo vieran llegar conmigo. Fue un golpe tremendo para mi ego. El único consuelo que tuve fue ver que muchos otros padres también dejaban a sus hijos en las esquinas del colegio.

Un padre-director trata de que su hijo tome las "mejores" decisiones. Un padre-asesor debe centrar su atención en ayudar a su hijo adolescente a desarrollar y ejercer su "capacidad de tomar decisiones". A veces importan menos los resultados que el ejercicio y el desarrollo de sus capacidades. La adolescencia es una especie de período de entrenamiento que prepara para la edad adulta. (Es evidente que muy pocos adolescentes estarían de acuerdo con esta afirmación, a menos de que tengan un temperamento tranquilo y confiado, lo que no suele suceder.) Por tanto, es un espacio para tomar decisiones "incorrectas", que, en últimas, pueden llegar a ser "correctas". O, como dijo Mark Twain alguna vez: "Gracias a la experiencia adquirimos un buen criterio, y sólo adquirimos experiencia a partir de tomar decisiones equivocadas".

Así mismo, retomando el modelo del asesor, los dilemas aparentemente conflictivos en relación con la afirmación de la independencia y la responsabilidad son, de hecho, partes integrales del proceso de crecimiento. Teniendo esto presente, los padres deben esforzarse por adquirir confianza en el criterio que van desarrollando sus hijos adolescentes, y ellos, a su vez, deben esforzarse por mantener a sus padres al corriente de sus logros en el desarrollo de estas habilidades. Los chicos ven que este ejercicio de mayor responsabilidad les asegura más independencia, pues se dan cuenta de que ellos pueden ejercer una influencia directa sobre el mundo que los rodea. Los padres ven cómo una mayor independencia fomenta mayor responsabilidad, y ésta, a su vez, fomenta el optimismo y la confianza en la relación padres-adolescentes. Además, deben esforzarse por identificar los brotes de independencia y los incumplimientos de responsabilidades como lo que en realidad son, es decir, oportunidades que se despreciaron y que no deben considerarse como afrentas y tampoco como fracasos totales.

El modelo del asesor también tiene la ventaja de que posibilita con mayor éxito evitar los errores que se cometen con más frecuencia en la relación de los padres con los adolescentes: tratarlos como niños (sobreprotección y actitud exageradamente autoritaria) o tratarlos como adultos (desprotección y abandono). Para evitar el primer error, es necesario comprender que su nuevo rol implica hacer menos cosas, y para evitar el segundo, hay que mantenerse atento y con el oído alerta para lograr que esta "asesoría" sea lo más exitosa posible. En palabras de un estudiante de secundaria, esto equivale a:

> Saber estimular y mostrar interés en su hijo. Aunque me gusta no tener unos padres entrometidos que siempre estén presionándome por saber qué pasa en la escuela, a veces, cuando se muestran indiferentes frente a lo que

> pasa en mi vida diaria, siento como si no me tuvieran en cuenta y me dejaran de lado.

Como asesor, usted renuncia voluntariamente a la ilusión de *poder* para ejercer una mayor influencia. Si usted se aferra a una ilusión de poder con su hijo adolescente, inconscientemente puede estar impulsándolo a recurrir a la estrategia de la mentira y a asumir una actitud solapada para enfrentar la relación con usted.

> Parte de mi problema es que mis padres creen que me controlan totalmente. Es decir, ellos creen que yo me someto a todas sus restricciones ridículas. La opinión que tienen de mí es tan inflada e irreal que asusta. De verdad, quisiera que no fueran tan inocentes en lo que a mi vida se refiere; eso daría pie, al menos, a discutir las cosas abiertamente en lugar de fingir que creemos los unos en los otros.

A la larga, el cambio de "director" a "asesor" es esencial y vital para las relaciones padres-adolescentes. En este libro se resaltan las diferencias entre estos dos roles. De nuevo, las únicas excepciones son las que tienen que ver con la salud y la seguridad. Por supuesto, saber definir cuándo éstas están en peligro es cuestión de perspectiva, algo en lo que la mayoría de los padres y los adolescentes suelen no estar de acuerdo. Por último, al proponer el rol de padre-asesor no estoy defendiendo una paternidad permisiva; por el contrario, este rol suele ser mucho más difícil y exige mucho más tiempo. Pero la ventaja es que es mucho más gratificante, tanto para los adolescentes como para los padres.

Capítulo 2

El mundo de los adolescentes

*¿Cuál es el mundo del adolescente de hoy? ¿Será posible comprenderlo?**

Para empezar, veamos un ejemplo que nos servirá de base para el desarrollo de la discusión.

> Un sábado en la tarde, Sheila (de noveno grado) no se podía estar quieta, iba de un lado para otro. Le pregunté qué le pasaba y su respuesta, como de costumbre, fue una especie de gruñido. No le hice caso; los dos últimos años me han enseñado que tratar de intervenir en estos casos sólo lleva al conflicto. De todos modos, esa tarde recibió muchas llamadas telefónicas, que aparentemente sólo servían para aumentar su mal humor. Un rato después, cuando iba a guardar los autos en el garaje, le pregunté si necesitaba alguno en la noche (yo quería saber si lo dejaba

* Este capítulo es a la vez una mirada general y una revisión de los capítulos que siguen. Como mirada general, ofrece un marco de referencia para comprender a los adolescentes y trabajar con ellos. Como revisión, interrelaciona los diferentes aspectos que cubre todo el libro. Por tanto, este capítulo puede leerse antes o después del resto del libro, preferiblemente antes y después.

fuera o no). Volvió su rostro hacia mí y me contestó con dureza: "Papá, no lo sé, ¡simplemente déjame tranquila!" Mmm... ¿qué había hecho yo ahora? Seguro de que mi pregunta había sido totalmente inocente, me irrité y le pregunté de nuevo, añadiendo un comentario un poco malicioso acerca de su reacción inicial. Ahora su reacción fue gritar: "¡Todavía no lo sé! En últimas, ¿por qué tengo que saberlo todo? ¡No puedo programar mi vida minuto a minuto para no incomodarte a ti! ¡Simplemente, déjame en paz!"

La cena fue bastante tensa. Casi cinco minutos después de sentarse a la mesa, Sheila dijo que no tenía hambre y que se iba a su cuarto. Desafortunadamente, mi esposa reaccionó antes de que yo pudiera intervenir y le dijo: "¡Tienes que comer algo! ¡No te puedes alimentar de aire!" La respuesta de Sheila no se hizo esperar, dijo miles de cosas casi sin sentido, pero todas encaminadas a protestar porque nosotros estábamos empeñados en dirigir su vida. En todo caso, la situación no fue agradable.

Un poco más tarde, mi esposa fue al cuarto de Sheila y la encontró enroscada en su cama y llorando desconsoladamente. Trató de hablar con ella, pero pocos minutos después, la niña, con signos evidentes de descontento, le pidió que la dejara sola. Más tarde la invitamos a mirar televisión con nosotros; ella aceptó la invitación, pero se negó a decirnos qué pasaba.

Al día siguiente, se levantó temprano, fue a su entrenamiento de voleibol y regresó de un genio maravilloso. ¡Parecía otra persona! Cuando le preguntamos qué le pasaba el día anterior, nos dio a entender que la tenía sin cuidado.

¿Qué pasa en estos casos? ¿Cómo podemos entender estos comportamientos? Y, lo que es más importante, ¿cómo reaccionar? Retomaremos este tema al final del capítulo, por ahora simplemente téngalo presente mientras lee.

Hay muchas facetas de los adolescentes que los hacen más parecidos a los adultos porque con frecuencia dan la impresión de que hacen parte de un mundo intelectual más maduro. Lo importante aquí es que usted siempre tenga presente que no son adultos. La adolescencia comparte elementos del mundo adulto y del mundo infantil, pero no es ninguno de los dos. Teodoro Lidz, escritor y psicólogo, nos ofrece una buena descripción general de este estadio de la vida:

> [La adolescencia] es una época de metamorfosis física y emocional durante la cual el joven experimenta un extrañamiento de sí mismo, de ese niño que fue hasta el momento. Es una época de búsqueda encaminada a encontrarse; una búsqueda que le permita encontrar su lugar en la vida. El adolescente experimenta la añoranza de ese otro con quien pueda satisfacer esa necesidad de intimidad y autorrealización. Está viviendo un tiempo de despertar turbulento al amor y a la belleza, pero tiene que atravesar momentos de oscuridad, soledad y desesperación. Es una época de deambular despreocupado del espíritu, en un mundo de fantasías jalonado por sueños idealistas, pero también es una época de confrontaciones y desilusiones en relación con el mundo que lo rodea y consigo mismo. Puede tratarse de una época de aventuras llenas de episodios maravillosos que, a su vez, pueden ser la causa de una sensación persistente de vergüenza y arrepentimiento. El adolescente tiene una sensibilidad a flor de piel, que lo puede llevar de una euforia extrema a una depresión casi insoportable.[1]

Las perspectivas y las necesidades del mundo adolescente son complejas. Para comprender este mundo, es necesario examinar diversos "horizontes de sentido". Estos horizontes, asumidos en conjunto, nos proporcionan el contexto necesario para comprender los comportamientos y las actitudes de los adolescentes. También sirven de guía para los padres: ¿cuándo intervenir?, ¿cuándo no? En aras de la claridad, he organizado la discusión alrededor de cinco horizontes: los cambios físicos y cognitivos; la interacción social; la amistad; la identidad personal, y los acontecimientos familiares. Estos horizontes entran en competencia entre ellos por la atención que exigen y, con frecuencia, requieren diversas maneras de enfrentarlos, ya sea actuando o no, lo que también implica, a veces, enfrentamientos entre unos y otros. Por tanto, al leer la siguiente descripción, en la que abordo cada uno de estos horizontes por separado, le sugiero que tenga presente que éstos se experimentan de manera simultánea.

I. Los cambios físicos y cognitivos

Muchos niños han establecido una manera sólida y confiable de enfrentar sus relaciones con el mundo antes de la pubertad; sin embargo, cuando ésta hace su aparición, con los consiguientes cambios hormonales, se pierde esta estabilidad. Las mujeres suelen llegar a una madurez física dos años antes que los hombres. La mayoría de las niñas ya han experimentado los primeros efectos de la pubertad a los trece años, mientras que la edad promedio para los hombres es de quince años. Un ejemplo de cómo estos cambios afectan a los niños es que los hombres, por lo general, entre los doce y los diecisiete años, duplican su fuerza física. Además, la sexualidad empieza a generar en ellos una enorme cantidad de sensaciones. Los adolescentes típicos experimentan todos estos cambios físicos incontrolables.

> Mis amigos llegaron a la pubertad mucho antes que yo. Todavía recuerdo las clases de gimnasia, cuando estaba en noveno. En el invierno casi siempre jugábamos básquetbol, deporte que me gusta mucho. El problema era que tenía que usar camisetas sin mangas y yo todavía no tenía pelo en las axilas; me angustiaba mucho pensar que los demás se enteraran de esto y se burlaran de mí. Entonces decidí no levantar los brazos, aunque el entrenador me gritaba constantemente que los levantara para

hacer la defensa. ¡No había forma de que yo los levantara! Decidí no cambiarme nunca delante de los demás. Siempre llegaba a clase temprano y salía tarde. No me duchaba tampoco. Creo que fue la peor parte de ese año para mí.

Junto con estos cambios físicos, se da una transformación profunda de los procesos cognitivos. Jean Piaget, conocido psicólogo suizo, denomina este período como el paso del "pensamiento concreto operacional" al "pensamiento formal operacional". Este cambio puede compararse con la diferencia que hay entre ver una película en un televisor de cuatro pulgadas y en blanco y negro y ver la misma película en una sala de cine con muy buenos equipos de proyección y sonido. El pensamiento concreto operacional capta exclusivamente el presente y la realidad física, mientras que el pensamiento formal operacional permite manejar conceptos, ideas y posibilidades abstractas. Este cambio se manifiesta plenamente en el sentido del humor del adolescente. Antes de la pubertad, el sentido del humor de la mayoría de los chicos es básicamente literal: si uno le dice a un niño "Mira el reloj y dime qué hora es", es muy posible que éste mire el reloj y juguetonamente diga "Qué hora es". En los adolescentes, el humor se hace más sofisticado, al menos en el sentido de que ellos no tienen una comprensión tan literal. Además, el pensamiento formal operacional abre paso al debate intelectual, al pensamiento conceptual y a la observación reflexiva. Se trata de un nuevo modo de experimentar el mundo que ofrece muchas posibilidades estimulantes y, por lo mismo, abrumadoras.

Este cambio no se produce de un día para otro. Suele empezar a manifestarse entre los doce y los trece años y es el modo de pensar dominante hacia los catorce. Por tanto, los comportamientos y las actitudes incoherentes de su hijo adolescente con frecuencia son el resultado de los cambios rápidos que están dándose entre el pensamiento concreto y el pensamiento abstracto. En esta época, es muy posible que usted mantenga una conversación muy interesante a nivel intelectual con su hijo y que, inmediatamente después, lo escuche razonar como si tuviera ocho años para justificar por qué no quiere comer brócoli. Los profesores de octavo grado enfrentan esta situación continuamente.

Nunca encontré palabras para explicar estos fenómenos antes de comprender la oscilación entre el pensamiento concreto y el pensamiento formal. En diez años de trabajo como profesora de inglés en octavo grado, he visto una gran cantidad de inconsistencias que instintivamente sabía que estaban fuera del control de los chicos, pero nunca supe por qué. Para mí solía ser un reto profesional que mis estudiantes no pudieran poner por escrito sus argumentos orales. Después pensé que los chicos eran perezosos. Pero, un día, después de comprobar lo mucho que había tenido que luchar para escribir un ensayo un estudiante particularmente dotado, me di cuenta de que simplemente no podía hacerlo, a pesar de lo mucho que se esforzaba. Desde entonces he aprendido a formular los cuestionarios y los exámenes del modo más concreto posible para la primera parte del octavo grado, e ir introduciendo gradualmente una mayor complejidad en ellos.

Estos desplazamientos frecuentes entre el pensamiento concreto y el pensamiento formal también pueden explicar algunas de las dificultades académicas que experimenta el adolescente. Por ejemplo, como todos los adolescentes progresan a un ritmo diferente, es posible que una clase de biología que exige una cierta capacidad de abstracción y que teóricamente está al alcance de los chicos de octavo grado (porque se presupone que ya han logrado alcanzar un nivel estable de pensamiento abstracto) puede resultar prácticamente inaccesible para los que todavía no han alcanzado este nivel. Por tanto, si su hijo experimenta dificultades no previstas en una asignatura como ésta en octavo grado, con frecuencia no se trata de falta de dedicación ni de un exceso de interacción social. A veces el culpable es su estadio de desarrollo cognitivo.

El pensamiento abstracto trae consigo una nueva relación con el tiempo. Para un niño pequeño, el futuro está a corto plazo.

Los niños preguntan: "¿Qué hay para la cena hoy?" o "¿Qué hay en la tele esta noche?" En este estadio, el futuro está limitado a posibilidades concretas. Por tanto, no pueden responder una pregunta como: "¿Qué quieres ser cuando grande?" Los adolescentes, por otra parte, están más interesados en preguntas como: "¿Qué tipo de persona te gustaría ser cuando seas mayor?" Los adolescentes que ya manejan el pensamiento abstracto pueden imaginar el futuro a partir del presente, relacionarlo con el pasado y saber sopesar las pérdidas a corto plazo y las ganancias a largo plazo producto de determinadas decisiones que tengan que ver con un futuro imaginado. También pueden manejar las ideas mentalmente sin necesidad de manipulación física. Antes de la adolescencia, la acción equivale a pensamiento y el pensamiento equivale a acción; durante la adolescencia, el pensamiento necesita una acción mínima porque quien está pensando ya ha entrado en el ámbito de las ideas y de la imaginación. Por tanto, cuando los adolescentes permanecen en sus habitaciones por horas enteras escuchando música, lo que aparentemente es un desperdicio, es posible que estén haciendo uso de sus habilidades recientemente adquiridas, lo que, desafortunadamente, no es tan evidente para sus padres como sí lo es que estén aprendiendo a montar en bicicleta (recuerde el diálogo madre-hijo del Prefacio).

Este proceso de desarrollo de la autoconciencia a partir del desarrollo del pensamiento abstracto es, a la vez, una bendición y una maldición. Es una bendición porque gracias a la capacidad para aprender a partir de los hechos, sin necesidad de repeticiones tediosas, los chicos están capacitados para hacer inferencias a partir de un dato particular y para aplicarlas a una variedad de casos similares. Por ejemplo, una vez que el adolescente enfrenta y aprende a sortear las convenciones sociales no explícitas de la secundaria, aprende a aplicar estas normas de comportamiento implícitas en otros ambientes, sin necesidad de atravesar el mismo proceso en cada uno de ellos. La maldición de la autoconciencia consiste en que ésta se convierte en una posible herramienta de autodesprecio y culpa; quizá un poco de eso es necesario, pero mucho de lo mismo puede ser excesivo. Esto quiere decir que los adolescentes no sólo experimentan el dolor en un momento preciso, sino que este sufrimiento puede acompañarlos después por mucho tiempo. Y, lo que es todavía peor, pueden revivir sucesos neutrales desde otras perspectivas que les hacen ver sus actos con ojos mucho más críticos. Por ejemplo, al recordar la fiesta de la noche anterior, muchos adultos piensan en lo positivo y en lo negativo, pero tienden a minimizar la importancia de los pasos en falso. Los adolescentes hacen algo similar, pero al revés. Después de todo, apenas están estrenando su autoconciencia. Ellos tienden a exagerar lo negativo, hasta tal punto que no pueden recordar lo positivo. Este tipo de cosas ocupa sus pensamientos cuando se encierran en su habitación a escuchar música. Nick Parker, un estudiante del último grado de secundaria, sintetiza esto de modo muy agradable en un artículo que escribió para el periódico de su escuela ("El abogado del diablo", escuela secundaria de la Universidad de San Francisco, California):

> Cuando llego a casa, he pasado un día entero en la escuela, donde, como siempre, sucedieron muchas cosas. Suelo sentarme un rato a pensar qué sucedió. Trato de analizar todo lo que hice y dije. Trato de determinar qué hice mal y qué hice bien. Trato de descubrir algo más de las personas con las que hablé en el día. ¿Ella qué quería decir cuando dijo eso? ¿Sabía él que yo sólo estaba bromeando? ¿Herí un punto débil o él simplemente estaba de mal genio? Éstas son las preguntas típicas que vienen a mi mente. Pasan muchas cosas por mi cabeza y no queda ni un punto sin revisar. Necesito organizar en mi cabeza todo lo que pasó en el día.
>
> Básicamente, no puedo hacer nada hasta no haber enfrentado lo que pasó. Esto, por lo general, quiere decir que no puedo empezar a trabajar sino mucho más tarde y, por supuesto, no logro terminar todas mis tareas.
>
> Aquí es donde entra a funcionar el estrés. Hay quienes piensan que las tareas HAY que hacerlas y que uno, antes de terminarlas, no debe preocuparse por lo que pasó

en el día. Pero es casi imposible relajarse cuando no has podido organizar tus propios pensamientos. Y esto, claro está, produce estrés.

En síntesis, este paso al pensamiento abstracto, acompañado por una avalancha de cambios hormonales, puede (y a menudo lo hace) cambiar a una persona de un día para otro. Imagine despertar dentro de un cuerpo cuyas dimensiones físicas han cambiado, que experimenta desconocidos deseos sexuales, con una mente capaz de conceptualizar el mundo de modos radicalmente diferentes y que se siente abrumado por una mezcla de estos sentimientos. Todo esto, además, le ocurre sin advertencia previa. Éste es el mundo del adolescente.

II. La interacción social

Este horizonte abarca todas las exigencias y dificultades sociales del universo público de los adolescentes: las personas con las que se relacionan, los eventos que frecuentan y los comportamientos que adoptan o los que desdeñan.

El mundo social adquiere un nuevo sentido en la secundaria. Para unos pocos adolescentes, éste se convierte en el centro de la existencia y en su modo de ganar y mantener el prestigio. Para otros, se convierte en una pesadilla. Pero para la mayoría de los adolescentes, el mundo social es una especie de foco intermitente en sus años de secundaria e incluso un cierto tiempo después.

En los primeros años de la secundaria, el mandato social es: "Encaja". La meta de la mayoría de los niños es sentirse cómodos con, y ser aceptados por, un grupo de amigos. Sin embargo, en este grupo es muy difícil ser "ellos mismos", porque tienen que atenerse a las reglas no explícitas del grupo.

> Iba a comprar una porción de pizza y en la fila delante de mí habría tres chicos de aproximadamente trece años. Todos llevaban tenis negros, calcetines blancos, *shorts* negros y anchos que les llegaban a la rodilla, camisetas

desteñidas (dos blancas, la otra negra), monopatines llenos de calcomanías brillantes y todos tenían el mismo corte de pelo, el de moda. Nada extraordinario hasta aquí, pero unos cuantos minutos después me di cuenta de que el letrero desteñido de la parte de atrás de la camiseta de uno de ellos decía: "¡Atrévete a ser único!" Es un buen resumen de la primera adolescencia: atrévete a ser único, siempre y cuando cuentes con otras dos o tres personas que hagan lo mismo que tú.

Este horizonte cambia mucho en el transcurso de la secundaria. Inicialmente, es muy importante que los adolescentes cuenten con un grupo fuerte de amigos. Lo menos que se pide es tener con quién almorzar y con quién hablar por teléfono ocasionalmente. Lo máximo es lograr una vida social en la que el grupo decide a qué fiestas asistir, cómo vestir, quiénes hacen parte del grupo, etc. Si bien la mayoría de los adolescentes encajan en uno de los dos extremos, hay algunos que no. Los adolescentes que nunca encuentran un grupo en el cual sentirse razonablemente seguros pueden sufrir mucho en estos años. El horizonte de la vida social puede convertirse en su principal preocupación y, por tanto, es posible que descuiden otras áreas. Es posible que se obsesionen por encontrar un grupo al cual pertenecer o que decidan que en realidad no necesitan ningún grupo. Cualquiera de los dos extremos significa mucho dolor: experimentar la soledad y culparse a sí mismos por su incapacidad de adaptación. Las alternativas no son atractivas, especialmente si tenemos en cuenta que la autoconciencia se está desarrollando.

El mundo social es también un mundo en el que los temas raciales y étnicos empiezan a emerger. En la escuela primaria, los chicos hacen amigos y pasan el tiempo con sus pares sin tener en cuenta la raza ni el estatus económico; estas diferencias significan muy poco para los niños. Esta situación puede prolongarse en los primeros años de secundaria, pero en los últimos, los chicos empiezan a percibir las diferencias y a verse afectados por ellas.

Abordemos primero el problema racial. Los adolescentes están debatiendo problemas de identidad personal (ésta se describirá detalladamente más adelante en este capítulo) y, a medida que empiezan a desprenderse de los padres, algunos vuelven a sus raíces étnicas en búsqueda de seguridad e información. Para muchos, esto constituye un experimento que les abre los ojos: se ha descorrido un velo y ellos empiezan a comprender su vida a partir de sus raíces culturales. Al mismo tiempo, las diferencias étnicas empiezan a reafirmarse e influir en la selección —y en la exclusión— de los pares y de las diversas actividades.

> Yo soy afroamericano y en los primeros años de secundaria solía estar con un compañero blanco y con dos mexicanos. Éramos los mejores amigos. Hacíamos toda clase de cosas juntos: almorzábamos, salíamos a pasear, estábamos en los mismos equipos e íbamos a cine. Pero en los últimos años, todo pareció cambiar sin que ninguno de nosotros lo mencionara. Simplemente las cosas ya no funcionaban igual. Todos hicimos nuevos amigos y casi nunca volvimos a reunirnos. Es decir, todavía nos saludamos y todavía hacemos parte de algunos de los mismos equipos, pero claramente ya no somos los mejores amigos. La sensación es un poco extraña.

Esta asimilación de las normas étnicas que suele obedecer a unas reglas implícitas es un simple reflejo de la sociedad contemporánea. Sin embargo, hay algunos adolescentes que perciben claramente cómo los afecta la diferencia racial, tanto interiormente como en la elección de sus amigos. Estos estudiantes están capacitados para asumir las diferencias antes de tomar sus decisiones.

> Un día fui consciente de ello en la cafetería. Al mirar a mi alrededor, me di cuenta de que todos los negros estaban en una esquina; los latinos, en otra; los asiáticos, en otra, y los blancos, en otra. Parecía como si hubiera unas demarcaciones invisibles. A partir de ese momento, decidí cruzar los límites en cuanto me fuera posible. No quiero que ésa sea la norma para elegir a mis amigos.

Si bien las diferencias étnicas son obvias, pero aun así son difíciles de afrontar, las diferencias económicas son menos fáciles de comprender. Para los adolescentes, parte del problema frente a estos dos asuntos tiene que ver con su claridad de conceptos y con su visión idealista del mundo, que suele ser difícil de conciliar con sus realidades personales y con su vida diaria. No obstante, estos dos temas están presentes en su cultura adolescente.

> No recuerdo que el dinero hubiera tenido importancia en la primaria, pero en la secundaria sí que la tiene. Bueno, no el dinero en sí, sino lo que te permite hacer y, según esto, quiénes son tus amigos. Yo ya no salgo con mis amigos de la primaria, principalmente a causa del dinero, aunque estoy casi seguro de que ellos no lo saben. De hecho, no sé qué piensan ellos. Cuando entramos en la secundaria, ellos empezaron a hacer actividades muy costosas: esquiar los fines de semana, comprar vestidos de marca, ir mucho al cine y comprar los últimos juegos para computadores. Nada significaba mucho para ellos, eran cosas que daban por supuestas. Pero mi situación era diferente, pues no tengo cómo hacer todo eso a la vez y con regularidad. Y, si lo hago, me siento culpable, porque cuando les pido dinero a mis padres me doy cuenta de lo mucho que les cuesta (ya sea decirme que sí o decirme que no). No soy lo suficientemente mayor como para conseguir un trabajo. Al principio, empecé a inventar toda clase de excusas, les decía que tenía que ir a cuidar algún niño, ir a visitar a los parientes, o cosas por el estilo. Además, y con el tiempo, me fui dando cuenta de que no tenía mucho de qué hablar con ellos porque nuestros planes eran muy diferentes. Ellos no volvieron a invitarme. Yo no los culpo, en realidad casi siempre les decía que no. Todavía hablamos a veces, pero ya no somos buenos amigos.

Hay otro grupo, conformado por los adolescentes hijos de padres divorciados que deben vivir desplazándose de un hogar a otro y, a veces, estar divididos en dos mundos económicos muy distintos (en ocasiones son mundos étnicos diferentes).

> Pasar de la casa de mi padre a la de mi madre es una experiencia extraña. En realidad, mi padre hizo trizas a mi madre con el divorcio. Él es propietario de una casa inmensa en la que hay casi todo lo que uno se pueda imaginar: una espléndida bañera, una piscina, una empleada estupenda y un jardinero. Además, un equipo de sonido y un televisor maravillosos. La verdad, no sé bien lo que hace además de dirigir una compañía de computadores. Mi madre, por su parte, trabaja como secretaria (nunca trabajó cuando estaban casados porque él no quería que lo hiciera). Vive en un tercer piso en un apartamento que tiene una habitación y media. ¡Adivinen cuál es la mía! Ir de una casa a otra significa un choque cultural permanente. Es decir, en una casa tengo más de cien discos y en la otra ni siquiera tengo un equipo de sonido, lo que de verdad me pone furioso. Pero tampoco estoy seguro de qué me molesta más: que mi padre trate tan mal a mi madre o que mi madre le permita hacerlo con tanta facilidad.

La economía y la etnia son vehículos para la afirmación de la independencia de algunos adolescentes. Para los estudiantes que tienen algún trabajo durante sus estudios de secundaria, el trabajo significa una posibilidad de asumir el control de su vida, porque tienen dinero para gastarlo como quieran.

El grupo social también es un espacio importante para descubrirse a sí mismos. Hay ocasiones en las que los adolescentes aprenden a tomar cierta distancia del grupo para tomar sus propias decisiones y para empezar a tomar conciencia de su vida. Pero sólo es posible tomar distancia de un grupo cuando se tiene una clara conciencia de pertenencia al mismo. A medida que los adolescentes van afirmando su independencia frente a sus padres, la "seguridad" de pertenecer a un grupo se hace cada vez más importante. Este grupo constituye un punto de referencia; tomar distancia de sus padres y de su familia no significa dar un salto hacia el abismo. La importancia y la atracción del grupo social se hacen más evidentes cuando, por alguna razón, uno de los padres desaprueba a alguno de los amigos o al grupo de amigos. Si los padres le comunican directamente al chico su opinion, el resultado puede ser desastroso; si no lo hacen, abren la posibilidad a la autocrítica.

> Sé que Sam es un buen chico. Lo que me preocupa son algunos de los amigos que lo rodean. No siento que sean una buena influencia para él. Pero cuando le digo algo, se pone a la defensiva e inevitablemente me da la espalda y se va. No sé qué hacer. Cuando digo algo, siempre discutimos, pero si no digo nada, tengo la sensación de ser un desastre como padre.

Como veremos después con más detalle, comunicarles directamente la desaprobación empuja a los adolescentes a intimar más con el amigo en cuestión. En estos casos, conservar esa amistad significa asegurar su independencia. Desafortunadamente, una intervención directa suele impedir que los adolescentes tomen sus propias decisiones en relación con sus amistades y que actúen en consecuencia. Si los padres logran controlar su ansiedad, crean un espacio apropiado que les permite a los adolescentes reflexionar y llegar a sus propias decisiones. Esta técnica, como podremos verlo a través de este texto, funciona para una amplia gama de asuntos. Por ejemplo:

> Mi hija, cuando terminó décimo grado, decidió ir al Este para pasar allí un mes y visitar a varios parientes, especialmente su abuela paterna. Mientras ella hacia sus planes, yo insistí en lo mucho que a la abuela le gustaría que le llevara un regalo. No tenía que ser nada muy costoso, sólo un pequeño detalle. Incluso ofrecí darle el dinero para que lo comprara. Pues bien, la partida se aproximaba y ella posponía sus preparativos. Yo me puse bastante nerviosa acerca del regalo. Quiero decir, ella iba a visitar a mi suegra y a los parientes de mi esposo. Pero en cuanto

yo me aproximaba al tema, ella se erizaba. El día antes de partir, no pude soportar más. La abordé con la determinación absoluta de preguntarle si había comprado el regalo. Y justo antes de hacerlo, ella sacó un prendedor lindísimo de su bolso y me preguntó (con cierto orgullo) si creía que a su abuela le iba a gustar. Creo que no tengo que decirlo, cuando ella me preguntó qué quería decirle, logré "olvidarlo" todo de inmediato.

III. La amistad

Si bien el horizonte de la amistad es uno de los aspectos que se cubren en la sección anterior, éste es mucho más que el mundo social, por lo tanto merece una atención especial. A medida que los adolescentes se van haciendo mayores, las amistades íntimas constituyen uno de los aspectos más vitales de su existencia.

La amistad es un espacio seguro en el que los adolescentes experimentan nuevos comportamientos y modos de ser; la retroalimentación que reciben de sus amigos, sea positiva o negativa, les ayuda a conocerse a sí mismos; aprenden a aceptar los defectos de los amigos; descubren qué clase de amigos son ellos y el tipo de amigos que quieren tener; aprenden qué implica una amistad: apoyo, vulnerabilidad, empatía, honestidad, confianza y responsabilidad. La adolescencia, por naturaleza, es un período en el que los chicos se centran en sí mismos, y es a través de la amistad y el interés por los otros, complementados con compasión y empatía, que se introducen fisuras en este ensimismamiento.

La amistad puede aportar muchos beneficios a los adolescentes. Una investigación de tipo fenomenológico sobre los "mejores amigos", realizada hace poco con adolescentes hombres de once años, nos permite vislumbrar lo que sucede. De los resultados de esta investigación, hay un par de elementos que vale la pena resaltar. Primero, los niños no se sienten cohibidos al interactuar y, gracias a esto, están más dispuestos a aprender más sobre sí mismos y sobre el mundo que los rodea.

> Se me facilita experimentar con Paul, porque sé que no se va a burlar de mí. Por eso con él hago cosas que nunca haría con otros. Él me puede decir cosas que, aunque son ciertas, no son fáciles de aceptar. Por ejemplo, una vez me estaba quejando por una nota que me dieron en una clase; después de unos minutos, me dijo: "Deja de quejarte tanto. Todo lo que tienes que hacer es estudiar más". Y él tenía razón.

Segundo, la amistad les enseña a resolver conflictos interpersonales. Aprenden a comprometerse y a escuchar a los otros.

> En realidad, a veces no estamos de acuerdo, pero en cosas sin importancia. Por lo general son tonterías. Pero cuando hablamos sobre ello, casi siempre comprendemos el punto de vista del otro, lo que nos permite olvidarnos de eso.

Para el adolescente, es vital expresarse abiertamente, dar y recibir retroalimentación, asumir responsabilidades y resolver sus conflictos. Cuando un adolescente cuenta con verdaderos amigos, existe la posibilidad de que en el grupo se desarrollen todas estas cualidades. Estas amistades les permiten aliviar las presiones familiares, les dan ánimos para dejar atrás la infancia y les ayudan a desplazarse sin dificultades hacia el mundo adulto. Es inevitable que cuando los niños entren en la adolescencia se vuelquen hacia los amigos y se alejen de los padres.

Los conflictos entre el horizonte social y el de la amistad suelen ser origen de una mayor presión entre pares. La mayoría de los adultos temen que los amigos puedan ejercer influencias negativas, pero para lograr comprender por qué vale la pena que los chicos asuman ciertos comportamientos arriesgados, los padres deben reflexionar un poco. La consecuencia principal que les acarrea a los adolescentes decirle "no" a la presión negativa de los pares no es simplemente soportar la reacción "al calor de los acontecimientos", como piensan la mayoría de los adultos, sino enfrentar la sensación de exclusión cuando sus compañeros asumen ciertos comportamientos que los pueden dejar completamente aislados. Esta sensación de soledad se hace cada vez mayor y existe el riesgo de que decidan tomar el camino fácil: dejarse llevar por la corriente. El psiquiatra Harry Stack Sullivan afirma que la soledad es el factor más importante alrededor del cual se organiza la vida del adolescente y del adulto; con esto quiere decir que el temor a la soledad lleva a las personas a tratar de evitarla a toda costa. El ejemplo que sigue ilustra esta afirmación:

> Yo no solía beber en las fiestas. A mí no me gusta el trago, por tanto no tenía que hacer ningún esfuerzo. Además, a nadie parecía importarle. Pero, con el tiempo, como mis amigos empezaron a beber cada vez más, la cosa empezaba a ser aburridora. Como estaba sobrio, no podía entender de qué se reían ni por qué hacían lo que estaban haciendo. Por un tiempo, simplemente me salía de las fiestas temprano sin decir nada. Pero poco a poco empecé a sentirme relegado del capítulo "fiestas" (los comentarios y relatos de todo lo que había pasado después). De repente, empecé a sentirme separado de mis amigos. Me sentía solo, aunque tenía muchos "buenos" amigos. En todo caso, empecé a beber por esa razón y lo seguí haciendo casi todo el último año. Quería pertenecer de nuevo al grupo.

IV. La identidad personal

Entre toda esta cantidad de cambios cognitivos y físicos, junto con las exigencias sociales y las implicaciones de la amistad, quizá la tarea más exigente de los adolescentes es la autodefinición. Es el momento en el que empiezan a definirse tanto frente a sí mismos como frente al mundo; es decir, a determinar quiénes son y qué quieren. Obviamente, este proceso dura toda la vida, pero pocos adolescentes son conscientes de esto. Ellos quisieran responder a la pregunta "¿Quién soy?" con la claridad que lo habían hecho hasta el momento.

Los padres de los adolescentes deben prepararse para ser testigos de muchos experimentos que hacen los adolescentes en cuanto al rol que ocupan en el mundo, movidos por ese proceso de autodescubrimiento. Este proceso, inicialmente, es externo. El modo de vestir es el indicativo más evidente e inmediato. Por ejemplo, es posible que su hija de pronto decida vestirse exclusivamente de negro. O que su hijo sólo quiera usar una marca o clase específica de *jeans* o de zapatos. También es posible que su hija se tiña el pelo con un color bastante extraño o que su hijo decida llevar un arete. Muchos de estos comportamientos hacen parte del proceso de autodescubrimiento y expresión personal. Usted no debe preocuparse por ninguno, pero vale la pena que tenga en cuenta que con todos ellos el adolescente está tratando de llamar la atención (pueden ser manifestaciones externas de procesos interiores más sutiles). Prestarles una cierta y particular atención puede servirle de vía para comprender algo del mundo de su hijo adolescente. En este momento, si la manera en la que usted manifiesta su interés es negativa o temerosa, quizá lo esté empujando a exagerar su comportamiento (esto tiene cierta semejanza con lo que pasa si usted critica a sus amigos). Su curiosidad, que inevitablemente tendrá un matiz de escepticismo, le hace saber a su hijo que usted sí se ha dado cuenta y que le está brindando el espacio necesario para que tome sus propias decisiones y llegue a sus propias conclusiones, las que, en la mayoría de los casos, le ayudarán a seguir adelante en el proceso de experimentación que lo va llevando a consolidar su sentido de identidad personal.

Junto con los cambios externos, visibles, se da un número mucho mayor de cambios internos. A medida que los adolescentes experimentan con una serie de roles exteriores, tienen que intentar conciliar estos roles con sus sentimientos interiores. Por ejemplo, es posible que su hijo asuma el rol del "atleta" por un período. Esto le ayudará a saber cómo vestir, qué amigos elegir, qué actividades realizar y qué actitudes tomar. Pero, un tiempo después, es posible que haga un alto y se pregunte: "¿En realidad soy así? ¿Concuerdan estas actitudes con lo que llevo dentro? ¿Hay algo más dentro de mí que lo que esta imagen proyecta?" Por supuesto, estas preguntas hacen parte de una evolución que los adultos asumen como un proceso que dura toda la vida. Sin embargo, para los adolescentes se trata de un proceso nuevo y creen que deben encontrar las respuestas inmediatamente.

> El verano fue espectacular, y yo tenía todas mis expectativas puestas en el año escolar, pero hasta ahora ha sido espantoso. En el verano trabajé en un restaurante con muchos estudiantes universitarios con los que iba a tomar café en los descansos. La pasé de maravilla. Ellos me escuchaban de verdad y les interesaba lo que yo decía. Hablamos de muchas cosas, de los amigos, de política y de otras cosas importantes. Tuve la sensación de ser una persona madura, de tener control sobre mi vida. Todo esto lo perdí cuando se inició el año escolar. Parece que a nadie le interesa nada. Mis padres me tratan como a un chiquitín y me imponen todo tipo de restricciones. Parecería que mis amigos simplemente quisieran retomar las cosas desde el punto en el que quedamos al terminar el año pasado. Todos están en su pequeño mundito… ¡y yo me siento perdido! ¿Por qué no puedo ser yo de nuevo? ¡Qué asco!

Para la mayoría de los adolescentes, esta búsqueda de sí mismos constituye un incesante ir y venir: dos pasos adelante, uno atrás. Y para los padres es muy difícil saber en qué punto está su hijo adolescente en un momento determinado.

La identidad personal también implica exploraciones y cuestionamientos espirituales. Los adolescentes que han sido educados dentro de un grupo religioso concreto suelen plantearse preguntas relacionadas con su fe e, incluso, llegan a romper con ella. Los que no crecieron dentro de una religión determinada es posible que tiendan a buscar algún sistema de creencias, tanto para tratar de encontrar elementos de autodefinición como para buscar refugio en tiempos difíciles. Algunos adolescentes explorarán diversos modos de espiritualidad, como la espiritualidad centrada en la naturaleza, sin llegar a comprometerse con ninguna religión formal. Otros explorarán una espiritualidad de la comunidad. Nada de esto es necesariamente bueno o malo, son movimientos en una dirección diferente de la familiar. La búsqueda de la identidad personal es un proceso de dos etapas, la primera es tratar de definir "lo que no son" (casi siempre sus padres) y la segunda, encaminarse hacia definir quiénes y qué son ellos.

Otro aspecto de la identidad personal es el género. Las investigaciones actuales[2] nos indican que los niños y las niñas experimentan de modos muy diferentes su proceso educativo. En pocas palabras, cuando los niños y las niñas pasan de la escuela primaria a la secundaria experimentan un descenso de su autoestima; sin embargo, en las niñas este fenómeno es mucho más notorio y dura casi toda la secundaria. Esto es alarmante. Si bien las soluciones no son fáciles, hay algo que los padres pueden hacer. Primero, es importante que tengan las mismas expectativas para las chicas que para los chicos, especialmente en lo relacionado con la elección de una carrera profesional. En este campo, los maestros también deben tener las mismas expectativas para los dos sexos, y deben estimularlos e insistir para que las chicas participen activamente en los debates en el salón de clase, lo que, sin nuestra atención y esfuerzo constante, a veces disminuye en los últimos años de secundaria.

> Realmente es extraño. Yo [alumna del último grado] recuerdo que en los primeros años de la secundaria mis compañeros solían hacerme bromas porque participaba demasiado en clase. Siempre tenía algo qué decir y no me sentía cohibida para comunicarlo a los demás. Incluso muchas veces estaba en descuerdo con mis profesores y discutía con ellos en las clases, es más, con frecuencia tenía razón. Pero cuando entré a décimo, de repente me volví tímida y empecé a hablar cada día menos. Ahora [en último grado] es raro que participe, me angustia mucho decir algo incorrecto y quedar en ridículo. Me resulta mucho más fácil permanecer atrás y escuchar lo que los otros dicen, todos parecen estar muy seguros de sí mismos.

En segundo lugar, es de vital importancia para las chicas tener modelos femeninos a su alrededor que tengan éxito en diferentes profesiones. El desarrollo de los chicos es diferente del de las chicas, y éstas necesitan modelos femeninos exitosos, pues no les es suficiente tratar de alcanzar el éxito siguiendo el patrón masculino de éxito.

La secundaria también es un período en el que los adolescentes empiezan a luchar con su sistema de valores, necesitan experimentar distintos modos de enfrentar los problemas, en lugar de aceptar los valores que les trasmiten sus padres. Porque si bien necesitan tomar cierta distancia de los valores paternos, también perciben las diferencias entre lo que sus padres dicen y lo que hacen. Y en el momento de enfrentar las situaciones, ellos se lo van a decir, con muy poco tacto, por lo general. Los adolescentes son buenos observadores y confían más en lo que ven que en lo que oyen. Lo que usted hace influye mucho más en sus hijos que lo que usted dice.

> Yo sé que tengo que decir la verdad y enfrentar las consecuencias. Pero mis padres no hacen esto, aunque ellos deberían ser más responsables que yo. Son bastante hipócritas, ¡y eso me enfurece! Por ejemplo, me molestan todo el tiempo y me exigen que les diga exactamente a qué horas regresaré a casa. Me controlan hasta los minutos. Pero cuando tienen que ir a recogerme, siempre llegan tarde. El otro día le pedí a mi madre que me llevara a encontrarme con una amiga en el cine y ella me dijo que sí. Pero cuando teníamos que salir de casa, ella estaba hablando por teléfono y, aunque le dije que ya era hora, siguió hablando. Claro está, llegué tarde y no me pude sentar con mi amiga, ni siquiera nos vimos, sino hasta que la película terminó y encendieron las luces. Mamá no pudo entender por qué me puse furiosa. Claro que dijo que lo sentía, pero creyó que con eso se arreglaba todo, ¡como si a mí no me hubiera causado ninguna molestia!

¿Quiere esto decir, entonces, que usted debe ser perfecto? En absoluto. Lo que se necesita es que usted sea responsable de sí mismo. Los adolescentes no necesitan padres perfectos, de hecho, quizá les va mejor cuando tienen padres menos perfectos (que se relacionan de manera más realista con el mundo real). Lo que sí necesitan es padres conscientes de sus propias deficiencias y equivocaciones así como de sus valores y sus fortalezas. Esta responsabilidad paterna les proporciona espacio a los adolescentes. Cuando los padres no asumen la responsabilidad de sus propias acciones, los adolescentes terminan pagando los platos rotos. Y a nadie le gusta ser culpable, menos aun cuando en realidad no lo es. De este modo, y poco a poco, los adolescentes van aprendiendo diversas maneras de ser irresponsables. Se hacen pseudoresponsables: aprenden a justificarse, a evitar reconocer sus errores y a culpar a los demás, justificada o injustificadamente. Sin embargo, cuando los padres se responsabilizan de ellos mismos y de sus acciones, los adolescentes gozan de un mayor espacio para ser más honestos consigo mismos. Primero, aprenden a reconocer sus propias fallas, lo que a su vez les permite progresar y, en últimas, lograr una autodefinición más clara y sentirse más responsables de su propia vida. Esto es fundamental para el desarrollo de una personalidad fuerte y segura, lo que no ocurre de la noche a la mañana. El desarrollo de la personalidad es un proceso largo e implica mucho ensayo y error. (Para más información sobre este tema, ver Capítulo 6.)

V. Los acontecimientos familiares

Las relaciones de los adolescentes con los distintos miembros de la familia son un telón de fondo importante. Esto incluye la historia, las expectativas (tanto explícitas como implícitas) y la composición de la familia.

Los acontecimientos importantes en la historia familiar (como el divorcio, la muerte, una enfermedad prolongada o las crisis económicas) ayudan a conformar muchas de las decisiones que tomen los adolescentes, porque los temas relacionados con estos acontecimientos suelen resurgir, generalmente, en los momentos de estrés. Recuerdo mucho a una estudiante que solía acudir a mi oficina antes de los exámenes finales. Su primera visita tuvo lugar antes de los exámenes de primer semestre en décimo grado y la última antes de la graduación. El tema fue siempre el mismo: el divorcio de sus padres. Nunca mencionó nada relacionado con los exámenes. Es más, en cada visita retomaba el tema en el punto exacto en el que había quedado la visita anterior (así ésta hubiera sido una semana o cuatro meses antes). Esto le permitía reinterpretar cómo había vivido el divorcio de sus padres. Es decir, cuanto más afinaba sus habilidades intelectuales y sociales, más necesitaba desarrollar una comprensión más compleja y profunda de lo que había sido el divorcio y los efectos que había producido en ella.

Todos tenemos lo que yo llamo "parachoques del estrés". En circunstancias normales, podemos tolerar niveles elevados de estrés sin que éste cause estragos importantes. Pero cuando hay que utilizar parcialmente el parachoques del estrés debido a traumas anteriores o actuales, los adolescentes son muy vulnerables tanto al impacto de situaciones estresantes vividas anteriormente como a las que enfrentan en el presente. (Ver Diagrama 1.) Es fácil prede-

Diagrama 1: Parachoques del estrés

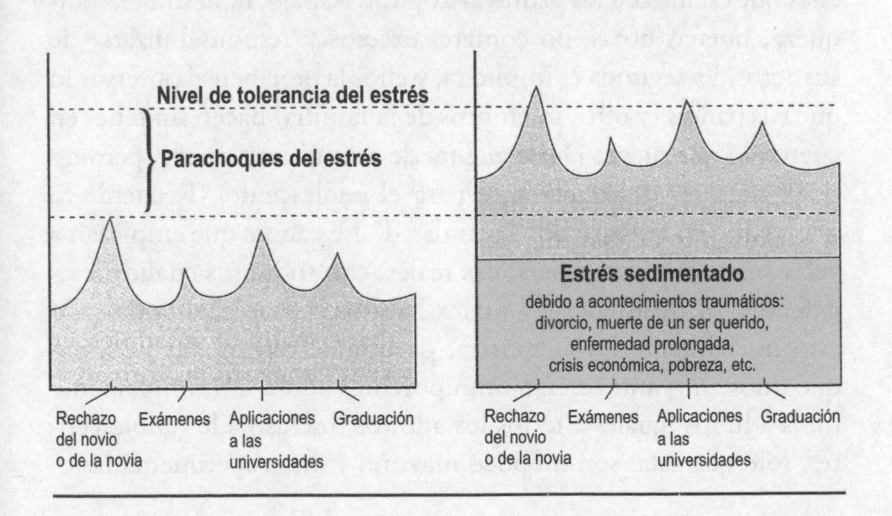

cir en qué momentos los adolescentes son más susceptibles: los exámenes, la graduación, la iniciación o la ruptura de un romance, los aniversarios de acontecimientos traumáticos y las épocas de festividades como la Navidad, para mencionar unos cuantos.

Éstas son las circunstancias en las que un acontecimiento anterior puede volver a hacerse presente y plantear nuevos cuestionamientos. Si se hace presente de manera consciente, es posible que el adolescente hable o escriba acerca del suceso, que haga preguntas para tratar de aclarar su mente o que se cuestione internamente. Si surge de modo inconsciente, es posible que el adolescente exteriorice un mal humor aparentemente injustificado, reaccione de modo negativo, deje de comer o le cueste dormir. Más tarde volveremos a hablar de estos acontecimientos y de cómo los enfrentan los adolescentes. Por el momento, basta afirmar que los adolescentes ven el mundo de modo diferente a como lo hacían cuando eran pequeños y que es natural y saludable que reexploren acontecimientos importantes del pasado.

Volvamos a las relaciones familiares: en los primeros años de la adolescencia, los padres tienen expectativas de comportamientos aceptables o satisfactorios en lo que respecta al rendimiento escolar, las actividades extracurriculares, las costumbres, los amigos, etc. Para los adolescentes, estas expectativas se hacen evidentes de dos maneras. La primera es a través de las prioridades explícitas que establecen los padres al exigirles trabajo, honestidad, franqueza, buenas notas, no cometer excesos y responsabilizarse de sus actos. La segunda es implícita, y ellos la perciben al observar lo que sus padres (y otros miembros de la familia) hacen sin tener en cuenta lo que dicen. Darse cuenta de esto último puede, pero no tiene que, ser desconcertante para el adolescente. (Recuerde lo que se dijo en el apartado "La amistad".) Es ahora que empiezan a ver a sus padres como personas reales, con todas sus cualidades y defectos, inconsistencias y malos hábitos. Darse cuenta de todo esto inicialmente los atemoriza, porque de repente las personas que unos años antes creían omnipotentes ahora son simplemente unos adultos iguales a todos los adultos, incluso a los adolescentes, sólo que éstas son un poco mayores y más experimentadas.

> Es realmente raro. Cuando era pequeño, yo quería ser como mi papá porque pensaba que él era perfecto. Pero un buen día la realidad me cayó como un rayo. Estábamos juntos en el almacén de computadores y, cuando íbamos a pagar, la cajera le cobró más de lo debido. Él dijo algo, y ella se puso furiosa y actuó como una imbécil. Llegó a llamar a papá viejo estúpido, aunque un poco entre dientes. Él, en lugar de enfrentarla, simplemente le dijo: "¡Olvídelo!" y le pagó lo que le había cobrado. Además, ¡se disculpó cuando estábamos saliendo! Yo no lo podía creer, se había acobardado. Me quedé de una pieza y estuve furioso durante un buen rato. Cuando me preguntó qué me pasaba, no supe qué responder. Es decir, ¿cómo decirle: "A mí no me pasa nada, papá, el problema es que tú eres un cobarde"? Esto quizá fue lo peor de todo. Él ni se dio por enterado.

Los adolescentes experimentan la soledad por primera vez en la vida, y muchos, durante cierto tiempo, se vuelven contra sus padres porque no pueden aceptar que ellos son seres humanos. Están asustados y se sienten vulnerables. Como la vulnerabilidad no les comunica seguridad, optan por la alternativa fácil: la ira, porque así se sienten activos y creen ejercer cierto control, lo que es mucho mejor que permanecer en una actitud de vulnerabilidad pasiva e indefensa. Y los adolescentes, más que cualquier otro grupo de edad, harán cuanto sea posible para evitar aparecer humildes y vulnerables.

Si los padres son capaces de aceptar esta caída del pedestal como algo inevitable y no como una afrenta personal, podrán aprender mucho acerca de sí mismos. Después de todo, la retroalimentación que reciben de sus hijos adolescentes suele dar en el clavo. También es una clara señal de que la relación padres-adolescentes tiene que ser más de asesoría que de autoridad vertical. Si es posible dar este viraje, las relaciones familiares pueden llegar a ser campo abonado en el que el adolescente aprenda a ser compasivo y tolerante.

Si bien muchas de estas contradicciones en el comportamiento de los padres son humanas y poco dañinas, hay algunas que pueden llegar a ser muy peligrosas, principalmente porque pueden llegar a reforzar, imperceptiblemente, convicciones negativas en los adolescentes.

> Todos ustedes saben cuánto me angustio por mi peso. Y había progresado bastante, estaba logrando controlar mucho mis reacciones ante la crítica… hasta anoche. A veces me cuesta creer que mis padres sean tan estúpidos o tan malvados. Estaba estudiando. Como a las 9:00 decidí hacer un alto y bajé a buscar algo para comer. No había mucho, sólo un poco de helado en el congelador. Entonces me serví un poco en un tazón. En realidad, no era mucho, pero cuando iba subiendo las escaleras, pasé junto a mi padre, y éste, al ver el helado, me miró, miró de nuevo el helado y luego dijo: "¿De veras te vas a comer todo eso? ¡Si no te cuidas, te vas a poner gordísima!" Lo dijo en tono de chanza, pero yo lo recibí como si me estuviera criticando. Lo único que hice fue apretar los dientes e irme a mi cuarto. Un poco más tarde bajé y me comí todo el helado que quedaba, ¡sólo para fastidiar a papá! Pero desde ese momento me persigue un complejo de culpa y no logro vencerlo. Lo peor es que he vuelto a pensar que estoy gorda otra vez.

La composición familiar también juega un papel muy importante en cómo se perciben a sí mismos los adolescentes. El hijo mayor suele ser el que allana el terreno, pues es con él que los padres hacen su incursión en el territorio inexplorado de la adolescencia. Con el segundo, los padres creen, a menudo equivocadamente, que lo que funcionó con el primero también servirá con el segundo. Los hijos menores tienen la ventaja y la desventaja de entrar en territorio conocido por los padres. Al menos los padres tienen una idea de lo que les espera; por otra parte, es posible que no sean conscientes de las diferencias básicas entre sus hijos. Si el hijo mayor logró convivir exitosamente con sus padres (o no lo logró en absoluto), el menor puede sentirse presionado a repetir la experiencia: ¿Me toca superar a mi hermano mayor? ¿No debo tratar de satisfacer las mismas expectativas sino tratar de forjar mi propio nicho? ¿O me ubico en terreno neutral y hago lo mismo que el promedio porque "el que nada arriesga, nada pierde"?

> Las cosas son muy frustrantes. Mi hermana mayor era terrible. Se metía en todos los problemas posibles. Cuando se graduó había pasado por todo, logró escaparse de clase tantas veces, que perdieron la cuenta, la pillaron haciendo trampa en un examen, ¡hasta llegaron a arrestarla por conducir ebria! El problema es que yo no me parezco en nada y mis padres ni se enteran. Están pendientes de mí porque esperan el momento en el que haga algo mal. Cuando trato de hablar de esto con ellos, la única respuesta que obtengo es que no están dispuestos a repetir la experiencia. Lo que más deseo es que se den cuenta de que soy bastante buena y merezco un poco de confianza. Pero creo que no tengo opción mientras viva con ellos.

> O,

> Mi hermana y mi hermano fueron las estrellas durante la secundaria: ella llegó a hacer parte del equipo interestatal de fútbol y él fue elegido para hacer el discurso de despedida en la ceremonia de graduación. Pero yo no soy como ninguno de los dos. Estoy dentro del promedio tanto en los deportes como en los estudios, lo que para mí es suficiente. ¡En serio! Yo me intereso mucho por la gente. De hecho, todos mis amigos me buscan cuando necesitan ayuda y consejo. Incluso soy representante de mis compañeros, pero mis padres ni se enteran. Simplemente están encima de mí para que saque mejores notas y sobre-

> salga en los deportes. Un noventa por ciento de nuestras peleas tiene que ver con que ellos no dejan de molestarme por eso.

Además, están los hijos únicos que suelen ser el centro de las expectativas familiares. Como no tienen hermanos y no se pueden comparar, con frecuencia se sienten agredidos por cosas que en realidad no están dirigidas a ellos.

> Yo sí quiero a mis padres, lo que pasa es que hay veces que la vida es demasiado intensa entre los tres. ¡No se les escapa nada de lo que hago! Y si algo no está bien o peleo con ellos, es como si estuviéramos enfrentando la peor de las crisis. El día en el que no me dieron el papel que yo quería en la obra de teatro me trataron como si yo estuviera a punto de entrar en una crisis nerviosa. Es cierto, me dio duro, pero no tanto como a ellos. Las cosas llegaron a tal extremo que durante algún tiempo yo pensé que algo no funcionaba conmigo por no sentirme peor de lo que en realidad me sentía. Hay veces que quisiera que ellos tuvieran otro hijo, eso me quitaría mucha presión. Pero cuando vuelvo a sentirme bien, me gusta mucho recibir toda su atención.

Por último, en casi todas las familias se produce una dinámica particular cuando el hijo menor se va de casa. Además de lo que sufre el adolescente (hablaremos de esto más adelante), este cambio afecta profundamente a los padres. Después de haberles dedicado tantos años a los hijos, los padres tienen que concentrarse en la relación entre ellos dos.

> Mis padres han estado un poco puntillosos entre sí últimamente, y yo creo que eso tiene que ver con que yo me voy de casa para entrar en la universidad el año próximo. Soy el menor, por tanto, cuando esto suceda, ellos se quedarán solos. Su energía ha estado tan centrada en mis hermanos y en mí que yo creo que ellos no están muy

seguros de qué van a hacer con todas esas energías cuando yo me vaya. Sé que todavía se quieren y disfrutan juntos, pero, aun así, muchas cosas van a cambiar.

Y,

Cuando yo me vaya para entrar en la universidad, mi mamá va a sufrir mucho. Ella me preocupa porque desde que mi papá se fue de casa [hace diez años] hemos estado las dos juntas. Ella ha sido fantástica, pero está tan obsesionada por encontrar lo mejor para mí que no estoy segura de que tenga idea de qué será lo mejor para ella cuando yo me vaya. Sé que odia su trabajo, la única razón para conservarlo es poder mantener este enorme apartamento y que yo pueda ir a un colegio privado. De verdad no estoy segura de qué hará cuando tenga la libertad para dejarlo y empezar una nueva carrera. Además hemos sido las mejores amigas estos dos últimos años y me preocupa que no tenga amigos con quienes hablar cuando yo me vaya.

Idealmente, la familia es el tronco que sirve de apoyo al adolescente en medio de los vientos, las brisas y las tormentas periódicas de la adolescencia. Un compromiso fuerte y reconocido de los padres con sus hijos adolescentes, junto con la determinación de dejarlos crecer y ser ellos mismos, es lo que todos los adolescentes necesitan.

Mis padres fueron fantásticos mientras yo estaba en la secundaria. Siempre me hicieron sentir que me amaban, incluso cuando yo era casi imposible de soportar. Siempre estuvieron dispuestos a escucharme y saber en qué estaba, aunque no estuvieran de acuerdo con lo que yo estaba haciendo. Cuando hablábamos acerca de temas difíciles como el alcohol y el sexo, ellos nunca sintieron temor a decirme abiertamente lo que pensaban, aunque me dejaban en libertad de cometer mis propios errores.

> Cuando las cosas andaban fatal con mis amigas, con los muchachos y en la escuela, siempre supe que podía contar con mis padres, aunque ellos no estuvieran de acuerdo con la manera en la que yo manejaba las situaciones.

Puede haber épocas en las que a usted le cueste mucho creerlo, pero tanto usted como lo que usted siente y piensa es muy importante para su hijo adolescente. El siguiente relato de un asesor de estudiantes de secundaria refuerza esto.

> Hace poco estaba de asesor en un retiro de estudiantes de penúltimo año en una escuela de mi localidad. Una de las actividades consistía en analizar la manera de asumir los compromisos. Para terminar la actividad, en la que se exigía mucha escritura y discusión, algunos de los estudiantes del último año se ofrecieron como voluntarios para pasar adelante y contarles a los demás cuál había sido su compromiso más importante para el último año escolar. Me sorprendió mucho, pero más del sesenta por ciento se refirió a la familia y a los padres. Muchos de ellos iniciaron su presentación con las siguientes afirmaciones: "Estoy seguro de que a mis padres les sorprendería mucho escuchar esto, pero…".

La lógica de la adolescencia

Hasta este momento, he proporcionado ejemplos para ilustrar cada uno de los horizontes y la influencia que éstos ejercen sobre el comportamiento de los adolescentes. Pero es evidente que cada uno de estos horizontes no es un ente aparte, sino que éstos se superponen unos a otros y compiten entre sí. Del mismo modo, las decisiones de los adolescentes no siempre son lo que parecen. Un adolescente puede tomar una decisión por su propia cuenta, pero puede cambiar de opinión cuando descubre que está haciendo lo que sus padres prefieren; entonces es posible que decida hacer lo contrario a lo que quiere para reafirmar su independencia. Desafortunadamente, el precio que tiene que pagar por su independencia es muy alto, porque, sin tener conciencia de ello, está dejando de lado la confianza y la seguridad personal que proviene de tomar la decisión que realmente quiere tomar. Y las cosas se complican pronto.

Trabajemos esto más concretamente retomando el ejemplo con el que se abre este capítulo. ¿Qué pudo hacer que Sheila, la adolescente malhumorada, actuara como lo hizo desde el sábado en la noche hasta el domingo en la mañana? Es posible que haya muchas explicaciones. Desde una perspectiva social, puede haber estado preocupada porque no sabía si sus amigos la iban a incluir en sus planes para la noche. Por eso estaba esperando ansiosamente las llamadas y no podía responderle a su padre. Hablar francamente con él habría puesto en evidencia su vulnerabilidad en momentos en que ésta le estaba causando una enorme ansiedad. Y como para muchos adolescentes es más fácil mostrarse irritados que débiles, Sheila lo que hizo fue volcar su ansiedad en forma de ira, primero contra su padre y luego contra su madre. ¿Por qué el cambio repentino de actitud en la mañana del domingo? Quizá en el entrenamiento de voleibol supo que los planes se habían desbaratado y que todos se habían quedado en casa la noche anterior, lo que quería decir que no la habían relegado.

Desde una perspectiva romántica, quizá Sheila le había dicho que no a sus amigos con el fin de dejar las puertas abiertas para salir con un chico que ella esperaba que la invitara esa noche. O quizá había decidido darse el espacio para llamarlo e invitarlo ella a él, o al menos simplemente hablar por teléfono durante un rato. De ahí pudo haber surgido su agresividad con sus padres, puesto que no tenía ninguna certeza de cuáles podrían ser sus planes. Había la posibilidad de quedarse sin nada que hacer y tener que quedarse en casa con sus padres el sábado en la noche. ¿Por qué el cambio en la mañana del domingo? Se había quedado sin saber nada del muchacho el sábado en la noche, pero es posible que sus amigas (que también eran del equipo de voleibol y habían visto al chico en cuestión en una fiesta la noche anterior) le hubieran contado que él había preguntado por ella y que estaba esperando encontrarla allí también.

Desde una perspectiva sexual (que se trabaja en detalle en el Capítulo 9) quizá Sheila había hecho el amor unas cuantas semanas antes y tenía una semana de atraso el sábado. Esto, obviamente, la tenía muy nerviosa y sin saber a quién recurrir: ¿a sus padres, al chico en cuestión, a sus amigas, o ir directamente a buscar ayuda especializada? ¿Qué hacer? Y el domingo... ¡le llegó el período después del partido de voleibol!

Desde una perspectiva familiar, quizá sus amigas estaban planeando hacer algo que Sheila no estaba dispuesta a hacer —ingerir drogas, tomar alcohol o salir con chicos mayores— y se sintió afectada por la desconfianza de sus padres y por la decisión de no salir con sus amigas. Es posible que el domingo en el entrenamiento de voleibol se hubiera enterado de que los planes se habían arruinado o que las cosas habían funcionado fatal y se habían metido en un problema tremendo. En cualquiera de los dos casos, el domingo se sintió muy satisfecha por haberse quedado en casa. Si se analizan distintas posibilidades, como acabamos de hacerlo, es posible encontrar diversas explicaciones lógicas. Le sugiero que intente plantearse cuatro o cinco explicaciones viables acerca del comportamiento de su hijo adolescente antes de decidirse por una sola, pero en realidad usted no sabrá cuál era la correcta (si hay alguna) hasta mucho tiempo después. El punto es que estas posibilidades le proporcionan explicaciones que los adolescentes no están en capacidad de darle. Al mismo tiempo, estas explicaciones le ayudan a usted a manejar su propia ansiedad y le dan a su hijo adolescente el espacio necesario para que maneje la suya. O como Ben Furman y Tapani Ahola afirman en *Solution Talk: Hosting Therapeutic Conversations*: "Explicaciones poco comunes e imaginativas son generalmente una catálisis excelente para encontrar soluciones".

Para cerrar

Cuando estábamos terminando uno de mis últimos talleres acerca de la naturaleza de la adolescencia, uno de los participantes, un maestro muy respetado y con mucha experiencia, se dirigió a mí y me dijo que estaba más perplejo que nunca al ver que los adolescentes lograban aprender matemáticas a pesar de todo lo que les estaba pasando. En realidad, es una gran hazaña. O como el poeta John Ciardi afirmó: "No es necesario sufrir para ser poeta. Basta con sufrir la adolescencia".

Como hemos visto hasta el momento, la adolescencia es una crisis existencial. Es la primera de estas crisis en la vida. Los adolescentes son incapaces de ponerla en la perspectiva que la experiencia brinda. Y los adultos que tienen dicha perspectiva tienden a subestimar el impacto que diversos acontecimientos tienen en la vida de los adolescentes. Lo que para un adolescente significa fracasar en un examen y terminar una relación en un período corto es similar a lo que para un adulto significa perder el trabajo y el cónyuge en un período de tiempo parecido. Si bien los "primeros amores" no son sino un recuerdo romántico para los adultos, para los adolescentes son experiencias traumáticas y cargadas de angustia. Recuerde que la adolescencia es el proceso de llegar a ser, y lograrlo no constituye ningún placer. Es como luchar al interior de uno mismo. Como canta Bob Dylan en "Like a Rolling Stone"[3]:

How does it feel?
How does it feel?
To be on your own.
Like a complete unknown.
With no direction home.
Like a rolling stone. *

Muchos adolescentes se sienten como si estuvieran haciendo malabares entre dos vidas simultáneas: lo que en ellos queda del niño que fueron y lo que hay del adulto que se está gestando. Un estudiante lo expresó así: "¡He estado sumergido en la confusión desde que entré en la secundaria! ¿Cuándo terminará esto?" Teniendo en mente el desarrollo de la autoconciencia y lo que ella implica de temor a la humillación, trate de pensar cómo permitir que su hijo adolescente encuentre el mejor camino para salir de esta situación. Ésta es una de las intenciones de este libro: ayudarles a los padres a ayudarles a sus hijos adolescentes a desarrollar y conservar la gracia en uno de los períodos más incómodos de la vida.

Ahora volvamos la mirada hacia algunas de las preguntas que los padres plantean con más frecuencia. La primera tiene que ver con la secundaria.

---

[1] Lidz, Theodore. *The Person: His Development Throughout the Life Cycle.* pp. 298-299.

[2] Greenberg-Lake: The Analysis Group, Inc. "Shortchanging Girls, Shortchanging America".

[3] Fragmento de "Like a Rolling Stone" de Bob Dylan. Copyright © 1965 por Warner Bros. Music. Copyright © renovado 1993, Special Writer Music. Todos los derechos reservados. Utilizado con autorización.

* N. de la T. Esta canción de Bob Dylan es muy popular en el mundo adolescente y juvenil, y se suele escuchar y cantar en inglés. Una posible traducción sería: ¿Cómo se siente? / ¿Cómo se siente? / Estar completamente solo / Como un completo desconocido / Sin ningún rumbo y ninguna dirección / Como una piedra que rueda.

Capítulo 3

La experiencia de la secundaria

¿Hay algún modelo de experiencias que se pueda aplicar a todos los chicos durante la secundaria?

¡No! Pero hay algunos aspectos que se pueden predecir y a los que se debe prestar atención, aunque cada adolescente los enfrenta de maneras distintas y en momentos distintos. Lo que sigue es una mirada general a los últimos años de la secundaria, pero, como siempre, de lo único que usted puede estar seguro es de que su hijo adolescente no va a encajar exactamente en ningún patrón.

Muy pronto en esta época, se observa una clara separación entre chicos y chicas. Además, estos años coinciden con la acelerada formación de la conciencia de su energía sexual. Los adolescentes empiezan a experimentar vívidamente su propia sexualidad y a sentir cómo los afecta; esto los acompañará incluso después de terminar el ciclo escolar. Ahora bien, si su hijo adolescente hace parte del porcentaje mínimo de homosexuales, esté preparado para que este aspecto de su vida domine todos los demás durante un lapso considerable de tiempo, debido a los conflictos internos y externos que este estilo de vida genera en nuestra cultura. (Más información sobre el tema en el Capítulo 10.)

Con los acelerados cambios físicos, la nueva energía sexual, el desarrollo de la autoconciencia y la necesidad de encontrar su nicho social, no debe sorprendernos que los chicos estén concentrados en sí mismos. Esto es perfectamente normal, aunque a veces puede resultar desconcertante.

> Invité la otra noche a mi hija a cenar, porque quería pasar un rato a solas con ella. Tuve que viajar mucho las últimas semanas y no había tenido tiempo para los dos. Bien, la cena fue muy grata y nuestra conversación parecía fluir sin problemas. Incluso me escuchó lo que le quería decir. Pero después de un rato no pude dejar de notar que ella tenía la mirada casi fija en algo que parecía estar sobre mis hombros. Cuando decidió ir al baño, yo miré hacia atrás, porque estaba seguro de que allí estaba algún compañero de colegio o un tipo muy atractivo. Para mi sorpresa, lo que vi fue un espejo gigante empotrado en la pared. ¡Se había estado mirando en el espejo!

En los primeros años de la secundaria, también cambian los métodos de enseñanza y hay un nuevo enfoque académico que exige una readaptación de los adolescentes. En matemáticas, por ejemplo, los estudiantes esperan que los maestros dicten sus clases y apliquen las comprobaciones en el modo tradicional, pero se encuentran con que tienen que enfrentar nuevos métodos. Esto les sucede también a los padres, que ahora no saben qué está pasando ni entienden la nueva metodología.

> Por primera vez en la vida me ha tocado estudiar. Ya no puedo hacer las tareas mirando televisión. Ahora necesito silencio para trabajar. También ahora me toca comprender y pensar en lugar de memorizar. A veces es una verdadera lata, hay ocasiones en las que hasta me da dolor de cabeza.

Lo que es más importante aun, los estudiantes empiezan a luchar con los cambios de actitudes y de prioridades. Ahora deben empezar a decidir qué tan importante es para ellos estudiar.

El éxito académico les exige más esfuerzo, por tanto, tienen que tomar la decisión de responder a las exigencias académicas o concentrar sus esfuerzos en otros aspectos de su vida que también empiezan a plantearles más exigencias que antes.

> A veces me parece demasiado: todos los profesores nos dan más tareas que antes; los entrenamientos del equipo de básquetbol son más frecuentes y mucho más duros; también hablo por teléfono más que nunca. Ya no sé qué es más importante.

Por último, las cosas cambian más rápido en casa, especialmente en las relaciones con los padres. Los adolescentes ahora quieren tener más posibilidades de tomar sus propias decisiones y quisieran que sus padres intervinieran menos. En muy pocos casos, este proceso es grato. Casi siempre es incómodo, porque el adolescente solamente sabe expresar lo que no quiere, muy pocas veces lo que sí quiere. Más adelante complementaremos esta problemática, que se hace más acuciante en los últimos años. Por ahora, lo más probable es que su hijo adolescente todavía sepa decirle que lo quiere.

A medida que van avanzando, cuando llegan a los cursos superiores, los adolescentes empiezan a saber responder a las nuevas exigencias académicas y sociales. Los chicos empiezan a alcanzar el mismo nivel de madurez que las chicas. Los dos sexos ahora empiezan a ser más exitosos en las actividades extracurriculares y en los deportes o a ser capaces de aceptar la realidad, algunos podrán aceptar que no van a ser las estrellas del tenis o del básquetbol. También van adquiriendo seguridad y control sobre su cuerpo. En el caso de los hombres, es posible que les atraiga levantar pesas (en los casos extremos, tienden a consumir esteroides); en el de las chicas, se observa una clara atención a la alimentación (en los casos extremos, esto se traduce en trastornos alimentarios). Muchas chicas se esfuerzan mucho por modificar sus hábitos alimentarios, hacen dieta y ejercicio. (En el Capítulo 14 se trabaja más en detalle este tema.)

También hay una reafirmación de sus amistades, hay una conciencia más clara de qué esperan de la amistad. Muchos sueñan con tener amistades más profundas, en las que puedan expresarse con total honestidad, comunicar abiertamente sus ideas y sus opiniones. La confianza y la fe en el otro son los valores dominantes. Como todavía no han alcanzado una verdadera madurez del pensamiento abstracto, los adolescentes tienden a construir estas amistades en términos bastante idealistas. Pocos de ellos son capaces de soportar los cuestionamientos. Afortunadamente, la mayoría de los amigos parecen estar pasando por el mismo proceso, y esto, junto con la constancia y las negociaciones necesarias, les permite forjar amistades más profundas.

> Tengo básicamente los mismos amigos del año pasado, pero las cosas son distintas. No sé cómo explicarlo. Las conversaciones entre dos cada vez son más profundas, pero en el grupo grande las cosas no han cambiado mucho. Es como si tuviéramos dos personalidades, una dentro del grupo y otra por fuera de éste.

Sin embargo, hay ocasiones en las que los grupos de amigos buscan distintos tipos de amistad en diferentes niveles; en este caso suele observarse que los antiguos grupos se desintegran para favorecer relaciones con menos amigos pero más variados. En cualquiera de los casos, es corriente ver que en los últimos años se produzca un cambio de amigos.

> Cuando miro hacia atrás, siento un poco de extrañeza. ¡Yo era tan inocente! Ahora tengo nuevos amigos, a los que prácticamente no conocía antes. Todavía hablo con algunos de mis viejos amigos, pero todo parece muy superficial. Creo que todos hemos cambiado. No es que haya pasado nada malo, simplemente cambiamos.

> O,

> Yo creía tener muy buenos amigos, pero han hecho cosas con las que no estoy de acuerdo, por eso ya no paso de-

> masiado tiempo con ellos. En realidad se portaron muy mal con algunos de los chicos con los que yo quería estar; cuando estaban presentes los trataban bien, pero se burlaban de ellos a sus espaldas. ¡Era horrible! Seguí viéndome con ellos por un tiempo, hasta que encontré nuevos amigos, pero tenía muchas ganas de separarme de ese grupo.

En casa, las relaciones van cambiando cada vez más rápido a medida que los adolescentes se van haciendo mayores. Muchos de ellos sienten su hogar, más específicamente la privacidad de su habitación, como el único paraíso seguro. Por otra parte, el hogar es un lugar bastante inestable. (Recuerde la conversación del Prefacio entre la madre y el hijo, en la que, en últimas, los dos se sienten mal en su intercambio, pero ninguno sabe qué hacer para modificar el estado de las cosas.)

Parte importante del problema son el factor tiempo y las expectativas. Cuando los adolescentes llegan a casa después de clases, con frecuencia necesitan "desintoxicarse", al igual que los adultos cuando regresan a casa después del trabajo. Proporcióneles el espacio o, al menos, esté preparado para cuando lo quieran tomar (y no se sienta agredido cuando lo hagan, recuerde el artículo de Nick Parker en el Capítulo 2, páginas 18 y 19). Al mismo tiempo, esté listo para aprovechar el momento en el que su hijo quiera hablar, pero no lo espere y no lo aproveche para reaccionar en contra de él: "Me contaste todo lo que pasó ayer, ¿por qué no haces lo mismo hoy?" Es casi seguro que cuando se trata de forzar una conversación, y hay una tendencia a culpabilizar, la relación tienda a degradarse. Lo que puede ser muy favorable es que la conversación surja espontáneamente. Hace poco recibí una llamada de una madre que se tomó esta idea a pecho y llegó a estimular el deseo de privacidad de su hija en lugar de plantear resistencia. "¿Tuviste un mal día? ¿Por qué no tomas un poco de jugo y vas a tu cuarto un rato a escuchar música? Eso te ayudará a relajarte. Más o menos dentro de una hora te llamo para la cena y entonces podemos hablar". Desde que descubrió este nuevo modo de tratarla, no sólo la relación ha mejorado muchísimo, sino también el flujo de información entre las dos.

Tenga claro que no es normal para los chicos llegar a casa y querer contarles a sus padres todos los detalles de su vida. En muchos aspectos, la secundaria es un largo proceso de entrada en la edad adulta que incluye mantener ciertos aspectos de la vida para uno mismo y compartir sólo aquéllos que uno desea.

> Yo estaba teniendo muchas dificultades con mi novio y con el entrenador del equipo de fútbol, pero en lugar de hablar con mis amigos hablaba con mi mamá. Sé que suena raro que una adolescente lo haga, pero ella era la única persona que estaba dispuesta a escuchar todo lo que yo quería decir y que no se sentía obligada a darme consejos.

Recuerde que muchos de sus métodos ya no sirven y que, de hecho, suelen empeorar las cosas. Muchos adolescentes sienten esto en forma dramática y anhelan desesperadamente tener mayor independencia, todo esto sin perderlo a usted como aliado.

Analice el siguiente ejemplo. En su anhelo por afirmar su independencia una vez en su vida, los adolescentes suelen aprovechar alguna salida de sus padres para invitar a sus amigos a una "fiestica". Lo de fiestica dura unos cuantos minutos, porque cuando los otros compañeros se enteran de lo que está pasando deciden unirse y de repente la casa se llena de más y más amigos. Hay ocasiones en las que los vecinos tienen que llamar a la policía porque el estruendo es mayúsculo, incluso hay ocasiones en que ésta llega cuando ya se han causado daños grandes: joyas desaparecidas, muebles dañados, carros rayados, jardines destrozados, etc.

> La cosa estuvo difícil durante un tiempo. Mis padres se enojaron tanto que no me hablaron durante días. Nunca los había visto tan furiosos. Me sentí como un imbécil. Pero para no hacer largo el cuento, debo decir que las cosas resultaron bien después de un tiempo. Mis padres

> no paraban de regañarme, desde que volvía a casa al salir de clases hasta el día siguiente (y esto duró como tres meses). Además, todos los días uno de ellos salía temprano del trabajo para estar en casa conmigo. Me quitaron el teléfono y, por supuesto, no me volvieron a prestar el automóvil. Yo no les dirigí la palabra durante una semana. Llegué a tener la firme intención de escaparme alguna noche e incluso irme de casa. Todavía no sé por qué no lo hice, pues en realidad estuve a punto. Creo que en parte se debió a que después de unos pocos días ellos dejaron de hablarme de la fiesta (bueno, algunas veces lo hicieron), pero se mantuvieron firmes en el castigo. Al fin, aunque no muy pronto, llegó el momento en el que recuperé mis privilegios. Me alegro de que ellos no hubieran cedido, como han hecho muchos de los padres de mis amigos, lo que fue un poco extraño porque ninguno de mis amigos pudo comprender por qué mis padres eran tan duros conmigo. Se estaban pasando, según mis amigos. Las cosas no fueron fáciles para ninguno de nosotros, pero valió la pena. Y no me malentiendan, ¡no le aconsejo a nadie hacer lo que yo hice!

Afortunadamente, en este caso, tanto los padres como el adolescente reconocieron que todo el desastre se había producido por una falta de coincidencia en las expectativas de confianza y honestidad. El hijo no había tenido la confianza suficiente en sus padres para pedirles permiso de hacer la fiesta, y los padres habían sido demasiado indulgentes con el hijo al darle más libertad de la que podía manejar. Después de esto, el único recurso disponible era tomarse el tiempo necesario y hacer acopio de energías para reconstruir la confianza y la honestidad.

Los ejemplos anteriores nos sirven de base para comprender parte de la crisis que suele afectar a los chicos en los últimos cursos de la secundaria, época en la que están tratando de definirse y tomar sus propias decisiones. Quieren saber qué es lo que realmente les importa y qué tipo de persona quieren llegar a ser y a la vez sienten como si se les impidiera tomar estas decisiones. Experimentan a la vez el gusto y el temor de asumir el control de sí mismos. Y los padres lo tienen bien difícil bajo estas circunstancias. Si usted trata de ejercer demasiado control, el adolescente se rebelará, y si le da demasiada libertad, es posible que se exceda. Ante todo, necesita sentir que está tomando decisiones significativas en lo que respecta al control de su vida. Está viviendo una corta crisis existencial, algo que la mayoría de los adolescentes experimentan en algún momento de su vida durante el paso por la secundaria.

> Tuve muchos problemas por mentirles a mis padres durante los fines de semana. De hecho, en una ocasión me pillaron en la mentira. Soy consciente de haber hecho trizas la confianza que me tenían. Ahora tengo que recuperarla, pero sé que tengo que intentar una nueva vía y actuar de otra manera. Tengo que ser yo misma y no tratar de ser como ellos quieren que sea. Me siento un poco extraña, pero sé que algo cambió dentro de mí y no puedo hacerme la que no me doy cuenta.

Hay casos extremos en los que los chicos de los cursos superiores sienten deseos de cambiar de escuela, a veces por el ambiente en el que están, para ganar confianza y control sobre su vida y hacer algo significativo. Es sorprendente que hasta las mejores escuelas resulten "pequeñas y aburridas" para la mayoría de los alumnos de los últimos años.

> Sucedió de repente. En marzo, cuando estaba en la mitad del curso noveno, Lisa dijo que quería cambiar de colegio. La sorpresa fue enorme, pero, en lugar de oponerme, decidí ayudarle a tomar su decisión. La acompañé a mirar otras escuelas y a hablar con los maestros, tanto con los de la suya como con los de las posibles nuevas escuelas. También le dije que yo preferiría que no se cambiara, pero que si había tomado una decisión firme y si tenía argumentos suficientes para justificarla, yo la apoyaría.

En últimas era una especie de vía de escape, pues finalmente decidió no cambiar.

Cuando en los últimos años de secundaria los estudiantes experimentan el deseo de cambiar de escuela, es porque están atravesando un proceso de reevaluación que es de vital importancia para ellos; casi todos los adolescentes experimentan esta crisis. Si les da por querer cambiarse de escuela y no tienen la oportunidad de averiguar las posibilidades o si sus padres les prohíben hacerlo, lo más probable es que el tiempo que les quede en la escuela lo pasen como si estuvieran flotando y sin tomarse las cosas en serio. Pero si tienen la oportunidad de hacer su exploración, por ambigua que sea y aunque les cause ansiedad, hay más posibilidades de que se comprometan en serio los últimos años.

Este proceso de reevaluación puede manifestarse de distintas maneras: cambio de amigos, dejar un deporte o comprometerse con uno nuevo, dejar un instrumento musical o empezar a tocar uno nuevo, etc. La solución a esta crisis está relacionada con poder tomar decisiones y dar pasos firmes en campos que ellos consideren significativos. Están empezando a definir derroteros en su vida y necesitan empezar a sentirse responsables de lo que hacen. Podríamos decir que los chicos entran al noveno grado siendo todavía unos corderos y cuando lo terminan parecen unos leones. Es muy posible que a estas alturas su hijo adolescente crea que una manera de afirmar su independencia es no volver a decirle que lo quiere; es otra de las facetas de su vida que necesita reafirmar.

La entrada al décimo grado implica un cambio muy grande, pues en este momento los adolescentes entran definitivamente a hacer parte del grupo de los mayores. En cuanto al aspecto físico, se sienten más seguros y cómodos en su cuerpo. En cuanto al ámbito cognitivo, se mueven con más facilidad en el pensamiento abstracto. Esto se hace muy evidente en casa, porque ahora se atreven a desafiar la manera de pensar y los modos de actuar de sus padres.

Hasta el año pasado no tuve problemas para sostener mis puntos de vista frente a mi hija. Pero en este año [décimo

> grado] las cosas han cambiado y me toca hacer malabares para estar en paz con ella. Me plantea preguntas difíciles de responder y tiene una aguda capacidad de observación, lo que a veces me pone en problemas. Por ejemplo, yo suelo poner énfasis en la importancia que tiene la honestidad para las relaciones, y un día ella se dio cuenta de que yo le estaba diciendo una mentira a mi jefe. En la noche, me confrontó. Inicialmente traté de racionalizar mi posición, pero con gran agilidad deshizo todos mis argumentos hasta hacerme sentir frustrada y vulnerable. Por último, con un movimiento significativo de cabeza, se retiró. Esta inversión de roles me resultó bastante incómoda.

La proximidad de la universidad les impone una presión muy grande: necesitan ser admitidos y, para ello, es importante obtener buenos resultados académicos los últimos años. Algunas universidades dan mucha importancia a las notas de los últimos años, porque las consideran indicadores importantes de la capacidad académica del estudiante.

> Décimo fue un año muy agradable en casi todos los aspectos, pero la inminencia de la universidad pesaba muchísimo. Era algo que ya no podíamos dejar de lado por mucho que lo intentáramos.

En lo que respecta a los aspectos sociales, se mueven con relativa comodidad y saben aprovechar las oportunidades que tienen. Muchos ya tienen licencia para conducir, lo que amplía su mundo social. Ahora es más fácil encontrarse rápidamente con amigos que viven un poco lejos. Para los padres, puede ser un poco desconcertante ver que su hijo adolescente parece una veleta un sábado en la noche.

> No estoy seguro de cuáles son los planes. Sam viene a buscarnos a todos y luego decidiremos qué hacer. No sabemos cuáles son los planes, entonces, ¿cómo saber en dónde vamos a estar? Cuando estemos juntos decidire-

> mos a dónde ir. ¡Tampoco importa mucho! Después de todo, yo ya no soy un bebé.

Éste es el momento de consolidar amistades más fuertes y más variadas. Por una parte, muchos adolescentes buscan amistades más cercanas y satisfactorias a partir de las que construyeron antes. Quieren ir más allá de la simple aceptación, pero no están seguros de con quién vale la pena. Muchos están preparados para una relación romántica. Por otra parte, quieren pasar tiempo con muchas más personas, por ejemplo, alguien que sea diferente a ellos y con quien no pudieron entablar amistad debido a las restricciones que les imponían los grupos cerrados. Ahora empiezan a manifestar curiosidad por la gente y sus creencias, aunque no hacia los miembros de su propia familia. Es posible que usted oiga a su hijo decir que su profesora de inglés o alguno de los padres de su mejor amigo dijo "algo muy interesante", y que sienta cierta incomodidad al darse cuenta de que éste reaccionó con desdén cuando usted le dijo lo mismo unos meses antes.

> Tracy es la menor de mis cuatro hijos, por tanto, creo haber superado la sensación de frustración que experimentamos los padres de un adolescente. No me queda duda de que ella es absolutamente sorda a cualquier insinuación mía. Pero también sé que adora a su profesor de historia y que acepta cualquier sugerencia suya. Por tanto, hablo con él cada cierto tiempo y le doy ideas que pueda usar cuando surja la oportunidad. En realidad, no me importa en dónde escuche estas cosas, lo que me importa es que le lleguen por algún lado.

La visión que los adolescentes tienen del mundo en esta etapa tiende a ser idealista y romántica, lo que es, a la vez, maravilloso y doloroso. Ahora les toca aprender algunas de las lecciones que da la naturaleza humana, mientras que usted sólo puede estar a su lado y observar, sin poder ayudar. Estas experiencias imprescindibles de la vida tienen orígenes diversos: el primer amor, los mejores amigos, los resultados académicos, los deportes, las actuaciones en público y la escritura, para nombrar sólo algunas. Los adolescentes están construyendo una identidad más definida, pero todavía son muy frágiles. Además, están descubriendo y explorando rutas para dar salida a sus pasiones, lo que algunas veces resulta bien, pero otras no tanto.

Por último, como ahora pasan mucho más tiempo fuera de casa, tienen una imagen más clara de lo que pasa con los miembros de su familia. Para muchos, sus padres ya son, ante todo, personas de carne y hueso, y el hecho de que sean sus padres pasa a segundo plano. Ahora reconocen las fortalezas y las debilidades de sus parientes más cercanos. Ésta puede ser una experiencia dura hasta que desarrollan mayor comprensión y aceptación, pero no suelen darse cuenta de esto sino cuando están acercándose al final de los estudios de secundaria o, lo que es más posible, muchos años después de haberlos terminado.

> Recuerdo que al terminar mi primer año de estudios universitarios me di cuenta de que veía a mi padre como un ser mucho más inteligente y afable que cuando estaba en la secundaria.

Como ya se mencionó antes, es común que los adolescentes sufran una crisis existencial en los últimos años de la secundaria. Muchos de los estudiantes que he conocido han manifestado esto en lo que se conoce como "cartas de independencia" dirigidas a sus padres. En estas cartas los felicitan por haberlos educado bien y les informan que ahora es necesario que se produzca un cambio. Hacen su declaración de independencia y lo hacen con seriedad y madurez. En resumen, estas cartas suelen ser el inicio de una nueva forma de dialogar y, lo que es más significativo, abren la posibilidad para que todos participen en ese diálogo. A continuación, una posible carta que yo les escribiría a los estudiantes antes de que ellos escriban su carta de independencia.

> Querido ______________:
> En esta carta intentaré resumir los temas que hemos cubierto en nuestras últimas conversaciones.

Parece que entre tú y tus padres hay una especie de batalla por el control de tu vida. Tus padres, con la intención de ayudarte a alcanzar el éxito y a ser feliz, se comportan de un modo que tú percibes como manipulación y autoritarismo. No te dan la confianza necesaria para que tomes tus propias decisiones, esas que tú necesitas tomar para lograr darle una dirección satisfactoria a tu vida, a partir de tu experiencia y conocimiento.

Como ellos están ejerciendo un control exagerado, tú te sientes empujado a tomar una actitud defensiva o simplemente a tratar de sobrellevar las cosas. (Tú también te has descontrolado un poco porque quieres exasperarlos.) Desafortunadamente, esta actitud no te anima ni te permite empezar a establecer tus prioridades y tomar decisiones importantes para ti. A estas alturas, ya sabes muy bien lo que es importante para tus padres y para los otros adultos que te rodean. Éstos son los imperativos que llenan tu cabeza y que aumentan tu sentimiento de culpa. Echemos un vistazo a algunos puntos específicos.

Las tareas: Tus padres están poniendo énfasis constantemente en la importancia que tienen tus tareas y las buenas notas. Periódicamente "irrumpen" en tu cuarto para revisar cómo van las cosas, lo que te enfurece. También te dan indicaciones de cuándo hacer tus tareas (por supuesto, lo hacen por tu bien, para que tú puedas hacer las cosas bien) y, a la vez, critican tu incapacidad para manejar tu tiempo. En cierto modo, ellos esperan que aprendas a manejar tu tiempo sin cometer ningún error en el camino. En general, su actitud es de desconfianza en tus capacidades y tu deseo de estudiar por tu cuenta. Esto te molesta mucho porque en realidad tú sí te interesas por tu estudio y por hacer las cosas bien. Pero con tanto control, tus propias preocupaciones e intereses pasan a segundo plano. Es muy raro que pienses en lo que quieres; por lo general, pasas más tiempo pensando en lo que no quieres.

Vida social: Tus padres quieren que tengas amigos, pero no quieren que tus amigos interfieran en tu vida académica. Casi siempre te dirán que no salgas algunas noches en los fines de semana para que hagas bien tus tareas. Desafortunadamente, su manera de actuar está dictada por su propia racionalidad. Por ejemplo, si tienes algún plan para el sábado, insistirán en que hagas tus tareas el viernes en la noche, aunque casi ningún estudiante, si hay alguno, logra hacer bien una tarea el viernes en la noche dado el cansancio y el estrés acumulados en la semana.

El tiempo: Con el fin de protegerte de tus dificultades para programar tu vida, tus padres le prestan demasiada atención a cómo usas tu tiempo. Una y otra vez te exigen terminar alguna conversación telefónica, te mandan a tu habitación después de cenar para que estudies y te preguntan permanentemente cómo van tus tareas. En síntesis, están limitando tus posibilidades de lograr aprender a manejar tu tiempo a partir de tus propias experiencias, buenas o malas.

Tu cuerpo: De nuevo, con las mejores intenciones, ellos tratan de ayudarte al recordarte que no comas demasiado, al hacer comentarios acerca de tu forma de vestir y al darte consejos no solicitados acerca de tu apariencia; nada de esto te ayuda a afianzar tu capacidad de elección. Por el contrario, con frecuencia, te empuja a tomar una actitud defensiva. Su crítica indirecta también te hiere bastante.

Tu voz: Al discutir sobre ti, tus padres, de hecho, están reduciendo tu capacidad para formular y manifestar tus propias opiniones acerca de ti mismo, de tu futuro y del mundo en general. Y, peor aun, esto no te permite tomar tus propias decisiones, comunicarlas abiertamente, lo que es verdaderamente importante para ti. A la larga, si no logras comunicar tus prioridades, no vas a tener el compromiso ni la motivación necesarios para alcanzar tus objetivos. Terminarás más preocupado por las reacciones de tus padres en lo que respecta a tu vida que por tus propias reacciones.

Así, como ya lo hemos hablado, todo esto te deprime porque estás viviendo tu vida para otros, sin una alegría auténtica y un verdadero control, y te sientes como si te faltara "gasolina" para seguir adelante.

Sin embargo, es evidente que tus padres te aman y quieren lo mejor para ti. La pregunta es: ¿podrán ellos hacerse a un lado, con el tiempo y la gracia suficientes, para que tú puedas descubrir y lograr lo que es mejor para ti? Afortunadamente, aquí es donde tú tienes más posibilidades de las que tú mismo te das cuenta.

Lo que se busca con este tipo de carta no es tratar de decidir quién tiene la razón, sino animar a los adolescentes a asumir el mando de su vida y lograr que sus padres les brinden un apoyo real, lo que sería bueno para todos. Si los chicos mayores no lograr asumir una autoridad significativa sobre su vida, siempre existe el peligro de que cedan ante las malas influencias, con el riesgo de que los lleven a las drogas, al alcohol o a hacer locuras al volante.

En esta etapa, es posible que su hijo adolescente todavía le diga que lo ama, pero también es posible que añada que no puede o no quiere contarle todo lo que hace.

Llegar al grado once es lo que la mayoría de alumnos han estado esperando. Ahora, es su turno de ser los líderes del colegio; éste ha sido su hogar y se sienten cómodos en él, aunque, quizá, un poco inconformes también. De hecho, buena parte de este año, se debaten entre estos dos sentimientos.

Como es el último año, muchos de los estudiantes sienten la necesidad de lograr que su experiencia sea significativa, que tenga algún sentido, para no salir de la escuela con las "manos vacías". Este sentido puede proceder de diferentes áreas: el deporte, el teatro, el éxito académico, la admisión en la universidad, el periódico escolar, el anuario, las relaciones, el trabajo, el comité estudiantil, actividades de servicio comunitario o la participación en algún tipo de club. Lo importante es que al finalizar el año los chicos necesitan haber encontrado un espacio en el que puedan dejar su sello. Con estas motivaciones, muchos chicos entran al último grado con el anhelo de hacer de este año algo diferente y mejor que los anteriores, lo que significa una buena carga de presión.

> El último año escolar significó un cambio radical para mí. Me sentí más seguro y comunicativo y en realidad descubrí quién soy yo. Padres de los alumnos de undécimo, tengan esto presente: ¡No los estamos abandonando, es más, quizá los vamos a extrañar el año que viene!

Este año, las amistades adquieren incluso una enorme importancia, mucho mayor que en los anteriores; los chicos actúan ahora con más propiedad en el ámbito social y tienen más práctica. De hecho, al final del año, todo va a parecer como un escenario viejo para todos. La mayoría ya han tenido relaciones amorosas significativas antes o las tienen durante este año. Sin embargo, hay algunos que sufren por no haberlas tenido. (Ver Capítulo 9.)

En casa, ya se han vivido experiencias suficientes; los adolescentes han alcanzado una cierta autonomía y el modo en el que la ganaron es de gran importancia para ellos. Si el proceso fue más o menos grato, padres e hijos se la llevan bastante bien y están preparándose para la ruptura que, de una u otra manera, implica la entrada en la universidad.

> En noveno y décimo, las cosas fueron duras. Pero, y aquí el crédito es para todos, nos esforzamos de verdad y, desde que entró a undécimo, nos entendimos bastante bien. Por ironías de la vida, nos estábamos encontrando unos a otros por primera vez justo cuando nos estábamos preparando para decirnos adiós.

Pero si el adolescente no ha logrado el nivel de autonomía necesario o sus padres no lo han "soltado", el último año sólo será la prolongación y la agudización de los problemas de los años anteriores.

> Cuando entré al último grado, parecía como si todos quisiéramos atacarnos permanentemente. Ya habíamos peleado lo suficiente los años anteriores, pero no habíamos logrado solucionar nada, entonces, ¿qué podíamos esperar este año? Estábamos estancados en una especie de rutina que no se rompería sino algún tiempo después de terminar la secundaria.

El último año de secundaria trae un estrés adicional: ahora es necesario pensar en la universidad. De repente, todo el mundo está interesado en su futuro: sus padres preguntan a qué universidad quieren ir, qué quieren estudiar, cuándo tienen que presentar sus solicitudes, qué exámenes tienen que presentar. Todos los adultos que los rodean (los profesores, los parientes, los amigos de sus padres) quieren saber a qué universidades quisieran entrar. Recuerde lo vulnerables que son los adolescentes en esta época. Están llenando solicitudes y se están preparando para ponerse a prueba en un escenario nuevo. La tarea es grande.

> Yo sé que todo esto es difícil de enfrentar (también sé que lidiar conmigo es difícil), pero he experimentado una sensación de negación durante todo este proceso que me ha dificultado enfrentar todas las cosas que tengo que hacer: las fechas de presentación, las decisiones que debo tomar, etc. Mi actitud no sólo es frustrante para mis padres, sino también para mí. Pero ellos deben darse cuenta de esta sensación de temor y negación.[1]

En una ocasión, hablé con un padre que, anticipando el estrés y el drama que implicaba el proceso de admisión en la universidad, quiso unirse a él decididamente. Para ello, decidió atravesar el mismo proceso que estaba viviendo su hijo. Pidió información en distintas universidades, hizo una lista de las que prefería, entre ellas eligió las universidades en las que tenía más posibilidades de ser aceptado (utilizó sus propias notas escolares y exámenes del Estado) y llenó todas las solicitudes. Se hizo a la idea de que para su hijo la escuela era como una especie de trabajo de tiempo completo, por tanto completar todo el proceso le permitiría experimentar lo que su hijo estaba viviendo. De esta manera, se dio cuenta de que las cosas no eran como cuando él entró en la universidad. El hijo, que inicialmente se mostró escéptico, poco a poco se dio cuenta de lo real que era el interés de su padre y los dos pudieron compartir muchos momentos. Esto los unió mucho. El padre sintió que estaba haciendo parte activa del proceso de su hijo, lo que le permitió no entrometerse fácilmente en sus asuntos. Éste es un ejercicio que recomiendo a los padres que estén interesados en ello.

Los estudiantes que van a iniciar su carrera universitaria deben pensar, en términos concretos, en dónde y cómo van a iniciarla. Algunos tienen que pensar en salir de casa e ir a estudiar en otra ciudad, lo que implicará asumir el control de su vida.

La experiencia del segundo semestre del último año de secundaria es diferente. El primer semestre fue muy estresante y ahora quieren que la vida ruede frente a ellos. Consideran que ésta es la última oportunidad para relajarse y pasarla bien: la presión académica ya terminó, ahora pueden compartir el tiempo con sus amigos, son los líderes de la escuela y están dirigiendo todas las actividades importantes. Sin embargo, la realidad suele ser dura. ¿Por qué pasa esto y por qué la mayoría de los estudiantes la sienten así?

Muchos estudiantes sienten que las notas del segundo semestre no son tenidas en cuenta por las universidades, por lo tanto, éstas ya no les importan a aquéllos que veían la secundaria como un medio para entrar en la universidad. Y, desafortunadamente, casi todos piensan así. De hecho, lo que sienten es que ya se han ganado el derecho a dejar un poco de lado su preocupación académica y que, sin importar cuánto les gritemos, les ofrezcamos o les exijamos, nada los hará cambiar de parecer. La influencia que ejercen los padres y los maestros es mínima, principalmente porque el antídoto había debido aplicarse antes de que se iniciara el segundo semestre. Si la educación se considera un fin en sí misma, entonces deberíamos prestar menos atención a las notas y más a potenciar su curiosidad y la necesidad de aprender por sí mismos.

Esto explica que cuando la escuela les ofrece a los estudiantes la oportunidad de comprometerse en proyectos personales y elegidos por ellos mismos para trabajar en el segundo semestre, éste es más exitoso. Pero si la educación se mira como un medio (las notas) para lograr un objetivo (la universidad), entonces una vez que saben que han sido admitidos en alguna, sienten que ya están en vacaciones.

Una descripción bastante acertada de esta experiencia nos la ofrece uno de los estudiantes de William Mayher:

> El bajón de ánimo en el último grado empieza al saber que uno ha sido admitido en una universidad. Yo he estado como flotando últimamente. La escuela ya no significa un reto académico, es un lugar de encuentro social. Es en donde los amigos nos vemos y salimos a hacer planes y organizamos fiestas. La escuela se convierte en el lugar en el que disfrutamos de la libertad. Por fin nos hemos quitado de encima el peso del rigor académico de la secundaria. Uno pierde capacidad de concentración, de pensar o de comprender lo que le enseñan. Es el tiempo de soñar despierto, de hacer garabatos, de quedarse dormido o de ni siquiera ir a clases.

No son muchos los profesores que saben comprender esta actitud. Y los chicos, en lugar de recibir reconocimiento por sus logros (como la mayoría quisiera), a menudo son castigados tanto por sus padres como por sus maestros. Se les trata con más dureza de la que esperaban: los adultos que más han respetado en su vida se muestran disgustados y molestos con ellos. Yo he tenido la oportunidad de conocer a muchos chicos que me han manifestado la preocupación de que sus maestros se sienten agredidos personalmente cuando en realidad ésa no es la intención (por retadora que parezca su actitud).

> [Cuando falto a clase] quisiera que los profesores me anotaran la ausencia, incluso que me pusieran un cero por la falla. Yo sé cuáles serían las consecuencias, pero lo que en

realidad no entiendo es que me sermoneen como si los estuviera agrediendo o algo así. Yo no necesito que me culpen por todo lo que estoy sintiendo.

El segundo semestre de este curso no es simplemente un semestre más, es una experiencia cualitativamente diferente para el estudiante. El final no es una posibilidad, es algo inevitable. Esto significa conocer nuevos amigos y separarse de la escuela y de los viejos amigos; a veces significa separarse del ambiente familiar para establecerse en un lugar nuevo; significa tratar de gozar al máximo para lograr que éste sea "uno de los mejores años de la vida"; además, significa sentirse obligados a entenderse a sí mismos mucho más de lo que han logrado hasta ahora. De nuevo, uno de los estudiantes de Mayher lo expresa claramente:

> Es difícil explicarlo, pero es una época rara, llena de altibajos. A veces puede ser una especie de fiebre de primavera: te sientes eufórico, sientes el deseo de "salir". Otras veces te sientes deprimido, letárgico, sin energía. El trabajo final que tienes que presentar parece algo imposible de hacer. No importa si estás eufórico o deprimido, te sientes incapaz de concentrarte. Tu mente va y viene, piensas en la fiesta de grado, en la graduación, en dejar a tus amigos. ¿Cómo puedes concentrarte en la "teoría del colapso gravitacional" con todas estas otras cosas bullendo en tu mente?
>
> Creo que la depresión del último año de la secundaria es una parte normal de la adolescencia. Es parte del período de transición de los años de adolescencia a la edad adulta y es una de las pocas maneras que los chicos tienen para enfrentar la separación. Después de ir a la escuela tantos años, ya no se trata de saber si lo has disfrutado o no. Graduarse es una experiencia dolorosa. Estás dejando un ambiente familiar para entrar en lo desconocido (aunque suene cursi). Yo creo que la mayoría de la gente no se da cuenta de que esta depresión es algo más fuerte de lo que se cree. Es algo más que dejar de preocuparse por las

> notas y por lo que estás aprendiendo. Y no es que ya no te importe porque ya has sido aceptado en la universidad, tampoco es que deje de ser importante aprender.
>
> No dejas de aprender cuando te ataca la depresión del último año de secundaria, más bien aprovechas que la presión ha cedido para aprender algo más sobre ti mismo. Ahora siento más la necesidad de "encontrarme a mí mismo", antes de entrar a la universidad. Es como una mezcla de cosas: tienes que desprenderte de tu vida de secundaria, encontrar esas piezas de tu ser que están mezcladas con todos los demás, reponerte e ir a la universidad. Al mismo tiempo, sabes que algo de ti se queda en esa mezcla porque es imposible encontrar todas y cada una de las piezas, pero aprendes a aceptarlo. Ésta es la depresión del último año de secundaria. No es una enfermedad, es una reacción saludable y normal a todo lo que está sucediendo a tu alrededor.

Y los padres, ¿qué pueden esperar que suceda en casa? Primero, su hijo adolescente va a exigir cada vez más independencia, esto se traduce en más flexibilidad en las horas de regreso a casa, salidas entre semana, salidas a pasar los fines de semana con los amigos, hacer menos tareas y todo con más mal humor que de costumbre.

> A medida que se acerca el final del último año, todo lo que quieres es estar fuera, lo que no significa que la experiencia en la secundaria haya sido espantosa, simplemente quiere decir que estás listo para el cambio. Después de haber trabajado duro durante muchos años, lo que quieres es el descanso que en realidad te mereces. No quiere decir que seas un fenómeno extraño, simplemente quiere decir que quieres salir cuando te apetece (sí, en medio de la semana).

Segundo, es posible que su hijo adolescente desarrolle un mayor interés por los amigos y por las crisis que se presentan en su vida. Es posible que surjan catástrofes emocionales que exijan su atención inmediata y que dude en exponerlas. Cuando el año escolar se acerca a su final, es muy común que las dificultades familiares y personales que han permanecido en la sombra durante la secundaria surjan de repente y se conviertan en el centro de atención, y es típico que los chicos recurran a los amigos en primer lugar. Todos los años, en las seis semanas que preceden a la graduación, un buen número de estudiantes me buscan para "desempacar" parte de esta carga, con el fin de tratar de ordenarla mejor y descargar cierto peso emocional. (Ver el Capítulo 2 y la sección acerca de la familia, para obtener más detalles sobre este respecto.)

Al finalizar este año, su hijo adolescente vuelve a decirle que lo ama.

[1] Esta cita y muchas de las otras que aparecen en este capítulo fueron tomadas de "The Dynamics of Senior Year: A Report From the Frontlines" de William S. Mayher. Utilizado con autorización.

CAPÍTULO 4

Graduación

¿Qué puedo esperar de la graduación?

Cerrar la etapa escolar es algo complejo. El asunto de la dependencia y la independencia constituye un entramado denso porque los recién graduados ya están listos para responder por sí mismos. Ya han llegado a un punto crucial de su vida: para muchos de ellos, se trata de la entrada en el mundo adulto o, al menos, a un mundo más adulto. La culminación de sus estudios implica también una gran cantidad de experiencias y de confusión, que tienen que ver con su identidad y su disposición personal, pero los padres no pueden resolver esto por sus hijos (y no deberían tratar de hacerlo).

Por una parte, la mayoría de los estudiantes están muy contentos por haber terminado la secundaria, están más o menos satisfechos con sus resultados y están ansiosos por empezar una vida más independiente. Muchos están felices porque salen de la escuela y se sienten listos para asumir su vida. Por otra parte, experimentan la angustia de dejar un lugar que conocen bien, en el que tienen un nombre y una identidad definida, en el que se conservan muchos recuerdos felices y tristes y en el que crecieron. Para complicar las cosas, muchos se preguntan si en realidad están listos para salir al "mundo real", pero como han hablado de ello tanto tiempo y como no pueden dejarle demasiado espacio a las dudas personales, no saben cómo expresar ciertos recelos, especialmente a sus padres.

> He estado listo para graduarme desde el primer día del último año. Quiero decir que para entonces yo había hecho todo lo que quería hacer en la secundaria. No es mi intención parecer arrogante, pero esto es cierto. Estoy listo para vivir la vida por mi cuenta. Pero, al mismo tiempo, hay una sombra de duda instalada allá en el fondo. A veces me despierto en la noche con mucho temor de irme de casa, de hacer nuevos amigos; esto me da vueltas y vueltas en la cabeza. ¿Y si no soy tan bueno como creo? No puedo decírselo a mis padres, ¡les daría un ataque!

Para los padres, también es una época compleja y confusa. Están muy orgullosos de que su hijo adolescente haya terminado con éxito la secundaria y se sienten felices al saber que éste se va a convertir en adulto, pero también temen que no esté totalmente listo para hacer su entrada en el "mundo adulto". No están seguros de cómo van a enfrentar este cambio en la vida de su hijo, más aun si éste va a estudiar en otra ciudad. Antes de que su hijo entre en un ambiente más libre, los padres suelen sentir un deseo compulsivo de perfección, esto los lleva a tratar de darles, a la vez, un montón de "consejos apropiados". Procure evitar esta tendencia, porque nunca funciona.

Algunos padres también sienten la necesidad de volver a asumir comportamientos de épocas en las que tenían más control de la situación. Por ejemplo, es posible que intenten volver a establecer una hora límite de regreso a casa similar a la de un par de años atrás, con una única justificación: "¡Porque yo lo digo, y mientras vivas en casa tienes que someterte a nuestras reglas!" O como me dijo un estudiante: "Es como si trataran de reafirmar toda su paternidad en estas pocas semanas en las que yo necesito más espacio y tiempo para asimilar y para manejar todo lo que está sucediendo". O como me dijo un padre: "Ya estoy listo para que mi hijo entre en la universidad, lo que no estoy listo es para que salga del colegio".

Con todo esto (además de los elementos analizados en la sección "Acontecimientos familiares" del Capítulo 2), no nos debe sorprender que para muchas familias esta época signifique un estrés muy grande, lo que suscita muchas discusiones cuando se acerca la graduación. Estas discusiones suelen ser producto de la excitación y la ansiedad que genera el cambio; también pueden ser la manera en que los padres y los hijos se distancian entre sí al prepararse para la fase siguiente.

> Durante el segundo semestre de mi último año de secundaria, fui una especie de pesadilla para mis profesores en la escuela y para mis padres en casa. Siempre estaba malhumorado e irritable. Peleaba con mis profesores por todos los trabajos, faltaba a clases, llegaba borracho y le jugaba bromas muy pesadas a todo el mundo. En casa, las cosas eran aun peor. Todavía no sé por qué. Simplemente me sentía furioso con todos los que me rodeaban. Todos sintieron un gran alivio cuando me gradué. Pero un par de años después volví al colegio para un partido de básquetbol. Era la primera vez después de mi graduación. Sé que resulta cursi decirlo, pero de repente todo tuvo sentido: me había sentido como si me estuvieran echando de la escuela (en donde siempre me había ido muy bien antes del último semestre). Por eso, antes de que lo lograran, inconscientemente decidí rechazarlos a todos. En realidad, quería a mi colegio, pero me daba susto reconocerlo; de alguna manera, me resultaba más cómodo ponerme furioso.

La reacción de este joven nos da una idea de todos los cambios que los adolescentes están tratando de integrar antes e inmediatamente después de su grado. No se trata, sin embargo, de decir que se están separando de su hogar. La separación implica ruptura y desconexión, por tanto, es más acertado decir que se están proyectando más allá de la familia y de los amigos. Esta proyección les proporciona espacio para crecer y mantener la conexión vital. Graduarse, más que nada, exige una reformulación profunda de las amistades fuertes.

Cuando mis padres y mi hermana me acompañaron a instalarme en la ciudad en la que iba a estudiar, pasaron un par de días conmigo y me ayudaron a organizar mi cuarto. Fue un lindo detalle, pero yo quería que me dejaran solo. Sin embargo, cuando se iban y los acompañé hasta el auto, nos abrazamos fuerte y sollozamos un poco, lo que de algún modo me sorprendió. El último en despedirse fue papá, y antes de que nos separáramos me entregó un casete y me dijo: "Todos te queremos mucho". En el casete había un mensaje de cada uno de mis padres y de mi hermana. Básicamente me decían que me iban a extrañar mucho y lo que creían que la universidad iba a significar para mí. ¡Fue toda una experiencia! Creo que lo escuché más de veinte veces durante el semestre. De hecho, todavía lo conservo. Mi papá se las ingenió para pasarme unos cuantos billetes con la cinta, ¡y eso fue genial!

Cuando su hijo adolescente deba irse de casa para entrar a la universidad, sugiero que le regale una cámara y le pida que tome fotos del lugar en el que se haya instalado y de las personas que lo rodean. Las fotos le servirán para hacerse una idea, lo más clara posible, del nuevo entorno de su hijo. Cosas de este estilo permiten una extensión total sin desconexión, lo que es muy útil.

A continuación, transcribo un mensaje de graduación que deberían escuchar todos los padres. En 1993, en la secundaria de la Universidad de San Francisco, Joe diPrisco, en calidad de poeta, miembro de la facultad y padre de uno de los graduandos, fue el encargado del discurso de despedida:

12 de junio de 1993[1]

... Es hora de poner manos a la obra. O, citando a Groucho Marx, cuando, en su papel del lunático Capitán Spaulding en *El conflicto de los Marx* (*Animal Crackers*), cantó: "Hola, me tengo que ir".

Ésta, como dicen en respuesta a los interrogatorios en las viejas películas de detectives, es mi historia y a ella me atengo.

Todos ustedes saben bien que los psicólogos, que parecen tener un nombre para todas las situaciones, catalogan este tipo de frases (hola-me-tengo-que-ir; ven-aquí-vete-después) como frases de doble mensaje.

Por supuesto que hay dobles mensajes de dobles mensajes, y los poetas dependen de éstos para subsistir: gracias a ellos pueden decir una cosa que significa otra. Claro que con los políticos y los burócratas sucede algo similar: dicen una cosa y hacen otra. Pues bien, todos los seres humanos debemos tener una asombrosa tolerancia a, o una profunda necesidad de, estos dobles mensajes. Si pensamos en ello, nos damos cuenta de que cualquier buena clase se apoya en esta ambivalencia —discutir algo, mientras algo diferente ocurre en nosotros—. Si hacemos un montaje de una obra de Shakespeare, o estudiamos lo que pasó en Vietnam, o estudiamos la Biblia o la literatura estadounidense, a la vez estamos leyendo, incluso actuando y también analizándonos, al tratar de escudriñar en el conocimiento que tenemos de nosotros mismos, de nuestra comunidad, de nuestro mundo. Y, por supuesto, ese secreto agridulce que tiene la secundaria procede del hecho de que no estamos simplemente cumpliendo con unas exigencias académicas que implican textos, ideas, lecturas o todas esas cosas, sino que al mismo tiempo estamos descubriéndonos, descubriendo cuáles son nuestros valores, las fuentes del significado y el sentido de nuestra vida.

Incluso hoy, en esta graduación, nuestra tarea común es decirnos unos a otros: "Hola, tenemos que irnos". Dentro de unos pocos minutos saldremos de aquí, unos estaremos fuera durante el verano, otros parecería que para siempre, pero en el momento de separarnos, es posible que nos sintamos más unidos que nunca. Al despedirnos, quizá tengamos la sensación de estar cada vez más cerca unos de otros. De nuevo esta dualidad.

Pero antes de que se gradúen, quiero decir una palabra, bueno, posiblemente dos. No es extraño que aunque sus consejeros, sus padres y sus maestros se hayan ocupado de guiarlos, por así decirlo, durante algún tiempo, nos sintamos incapaces de resistirnos a la tentación de darles unas cuantas pistas acerca del uso y del abuso de esta educación, esta vida, este mundo.

Y como se supone que los discursos de graduación tienen un cierto propósito socialmente redentor, espero lograr mostrarles cómo leer el doble mensaje de estas exhortaciones de último momento. Al salir a ese mundo maravilloso que se abre más allá de la secundaria, sus padres y sus amigos les ofrecerán enseñanzas profundas relacionadas con la condición humana, consejos y sabias proposiciones que son producto de esforzadas experiencias. A continuación, algunos ejemplos:

1. No descuides tu ropa en la lavandería. Es sorprendente ver que personas por lo demás competentes y con historias fascinantes, vocaciones inspiradoras, portafolios de inversiones diversificadas y con una aguda conciencia social puedan mostrar un permanente interés por el estado de tu ropa. Es posible suponer que "No descuides tu ropa en la lavandería" significa "No gastemos más dinero en *The Gap*". Pero en otro nivel y traduciendo este consejo, esto significa (aunque quisiéramos que esto no fuera cierto), que a veces el mundo es un nido de arañas, que a veces la gente te va a decepcionar. Pero si personas totalmente extrañas pueden ser capaces de una indiferencia y una crueldad asombrosas y dolorosas, estos mismos extraños pueden demostrar una ternura conmovedora. Porque haciendo una traducción, esto significa que si dejas tu ropa olvidada en la secadora, como quizá lo harás, es posible que al día siguiente te sorprendas al ver que alguien la ha doblado toda con esmero, y hasta puedes en-

contrarte con una camisa mejor que la tuya. Y esto quiere decir que a veces está bien que seas un desastre. Puedes estar preparado para los pequeños milagros y la buena suerte que, por ninguna razón ni ningún merecimiento, se atraviesan en tu camino.

2. No cambies una llanta pinchada en una autopista. Traducción: cuando emprendas un viaje largo, ya sea en tu automóvil o en el de cualquier otra persona, no conduzcas demasiado rápido, ni demasiado despacio sin contar con un servicio de asistencia o sin haber llenado antes el tanque de gasolina. No conduzcas adelante, atrás, ni al lado de un camión, una motocicleta, una bicicleta, un autobús o cualquier otro vehículo ya sea en movimiento o quieto; no conduzcas al amanecer, o bajo el sol del medio día, o cuando haya caído la noche o cuando esté lloviendo, o nevando o haya mucho viento. De hecho, si puedes arreglártelas, preferiríamos que nunca conduzcas. Y ahora que estamos hablando del asunto, no uses ningún tipo de transporte público ni privado. Todo esto significa, en últimas, que es mejor bajar el ritmo, ¿cuál es la prisa? Camina siempre, sin importar adónde vayas, establece tu propia marca antes de medirte con nadie más. Esto quiere decir que algunas veces vale la pena asumir ciertos riesgos, otras veces no. Traducción: viaja a lugares lejanos, pero hazlo bien, y recuerda a veces lo que dijo Thoreau acerca de viajar extensamente al recorrer ese pequeño lugar conocido como el lago Walden. Traducción: a veces, en medio de un accidente espectacular, después de chocar contra un coche que va a toda velocidad en la autopista, te despiertas volando por los aires, ves la vida pasar ante tus ojos, flotas en el espacio, aterrizas en el asfalto sobre las alas de unas especies angelicales, te pones de pie y caminas sin haberte hecho ni un solo rasguño.

3. Por favor, por favor, por favor, no tengas perro. Traducción: tan pronto como estés listo para ello, consigue un buen perro. Mi recomendación personal es uno que

no sea pura raza, que pese entre 35 y 40 kilos; además, sugiero que le des un nombre tomado de una novela del siglo XIX. Esto te servirá para entablar algunas conversaciones y siempre te recordará tus raíces intelectuales, aunque, posiblemente, te produzca cierta vergüenza. Traducción: esto también significa que sólo te deseamos un poquito de soledad, no tanta como para que dudes de tu valor personal ni tan poca como para que nunca pongas a prueba tu carácter. Como dijo alguna vez un poeta altanero, la única cura para la soledad es la soledad. Esto significa, además, que esperamos que hagas muchos y muy buenos amigos, y que nunca des por sentada su lealtad y su amor.

4. No juegues póquer cuando la partida la haya organizado el tipo más lento pero más estupendo que crees conocer. Esto significa, literalmente, que estás a punto de convertirte en el desayuno de los campeones. En otro nivel, esto quiere decir que te intereses lo más pronto posible por algo que los otros consideran esotérico, curioso o raro; vuélvete experto en James Joyce, o en las rosas, o en cerámica, o en poesía isabelina, o en jazz, o en pájaros. La recompensa será enorme, te interesarás con una apatía suprema y maravillosa, algo que a veces necesitamos soportar. Esto también significa que debes poner bajo sospecha cualquier opinión que se te ofrezca y todas las ideas convencionales. Piensa por ti mismo en cuanto te sea posible, comete tus propios errores, asume tus propios riesgos.

5. Cuando estés totalmente instalado, escríbenos o llámanos, no importa cuál sea la hora. Traducción: algo tan aparentemente obvio como esto puede tener que ver con el más sutil de los misterios. No se trata de llevarte la cuenta, no se trata de ningún tipo de control. Esto quiere decir, en realidad, que no tenemos la menor idea de cómo haremos para vivir sin ti.

6. No pases la noche en blanco estudiando. Traduc-

ción: el noctambulismo es estimulante para el alma. Estudiar con la lumbre de la media noche (quién sabe qué significa esto), o terminar de redactar los trabajos en el último momento es muy bueno para el alma, aunque no necesariamente sea lo que más le convenga al cuerpo. Quiero decir, ¿en realidad te importa que todo esto haga parte de ti? Es posible que tú no sepas algo de ti en este momento y será estupendo descubrir que en realidad te importa muchísimo, que te importa de verdad. Pero haz un compromiso contigo mismo para buscar la verdad de una idea, para hacerle frente a las consecuencias que tenga tu deseo de vencer y de explicarte; hay pocas cosas más emocionantes que la búsqueda del conocimiento. Esto significa también que cuando pases la noche en blanco, mires con detenimiento la salida del sol, pues en cierto modo te has ganado esos tonos rosa y grises que cruzan el horizonte; presta atención al olor que traen las primeras nevadas, la lluvia fresca o los cambios de estación. A pesar de todo, el mundo es un lugar hermoso y sorprendente, pero más hermoso y sorprendente es que lo percibas y que estés en él.

7. No te encuentres con el Profesor Tal para tomar un capuchino tarde en la noche. La traducción exacta de esto es: No te reúnas con el profesor para tomar un capuchino tarde en la noche.

8. Prepárate para el número ocho, porque siempre juntamos todas las cosas en esta olla a presión. Simplemente, toma tu abrigo. Juega a la defensa con tus pies. Come tus verduras. No discutas con un tonto. No te pongas tus calcetines en una habitación oscura. No prestes atención al hombre que se esconde detrás de la cortina, leones, tigres y osos, ¡por Dios! La verdadera amistad plantea cuestionamientos. Aprende a preparar huevos revueltos. Abajo las reglas minuciosas. ¿No terminas todas tus afirmaciones acentuando la entoNACIÓN? ¿y los signos de INTERROGACIÓN? Vive peligrosamente bajo el cielo abierto.

Emite gritos extraños. Odia la adulación y a los aduladores con todo tu corazón y con constancia. No creas en las exageraciones. Y, no te olvides, toma tu abrigo. Traducción: esperamos haberte dado unas pocas claves, esperamos haberte dado la salida. ¿Salida para qué? Difícil decirlo. Ninguna familia carece de defectos y no es posible que salgas de la escuela sin una que otra cicatriz. Traducción: esto tiene algo que ver con el amor, esa cosa inmanejable. Porque el mundo puede ser un lugar frío y accidentado. Traducción: arregla las prisiones. Arregla las escuelas. Arregla las ciudades. Arregla el gobierno. Arregla el firmamento, el mar, la tierra. Traducción: escribe la gran novela, acaba con la penosa historia, construye el edificio hermoso, canta la canción más bella, pinta el cuadro esencial, sana al enfermo, alimenta al hambriento, dale cobijo a quien no lo tenga, enseña a los niños. Dona sangre, dona tu tiempo, entrégate tú mismo.

9. ¿Estás seguro de estar listo para una estupenda relación amorosa? De acuerdo. Qué consejo más pertinente, útil y adecuado. Como todos lo sabemos, el adulto típico ha sido el parangón del decoro, al menos los últimos siete minutos y medio. Pero más allá de esto, y traduciendo, el número nueve significa un compromiso más profundo y serio porque —y no sabemos darle forma a esto, pero aquí va— el SIDA nos aterroriza. Y nos aterroriza más si no estamos seguros de que ustedes también están un poco atemorizados. Esto también significa que les deseamos mucha suerte, que nadie los hiera como posiblemente sucederá, y que deseamos que sean capaces de recibir esas heridas incluso si no queremos que experimenten el filo de estas decepciones. Hablando claro y haciendo la necesaria traducción: todavía nos parece imposible comprender cómo pueden amar a alguien más, pero prometemos intentarlo.

Por último, el número diez. Sean buenos. No sé cómo explicar esto, pero "sean buenos" no tiene traducción. Por supuesto, sean cuidadosos, pero no dejen de vivir la vida: por supuesto, sean bondadosos, siempre y cuando esa bondad no los haga traicionar sus principios. (A propósito, si no tienen principios categóricos —tenerlos parece bastante difícil en este universo moral postmoderno monstruosamente relativista que hemos creado en siglo XX— traten de adoptar unos pocos y practiquen, practiquen, practiquen.) Por supuesto, sean grandes si ése es su destino, y si lo es, quizá no lo van a poder evitar. Pero ustedes lo saben, ser bueno puede ser más difícil que ser grande; para ello no se necesita ser exageradamente cuidadoso, o educado, o conciliador. No le teman al conflicto; cuando no tenemos un ideal, o un sueño, o alguien que merezca que luchemos por él una y otra vez, entonces ¿quiénes somos? Si ahora pueden decir que comprenden el número diez, es posible olvidar todo del número uno al nueve, porque en realidad el que importa es el número diez. Por tanto, sean buenos.

Hay algo más, pero no importa.

Como pueden ver, el momento de la separación nos proporciona la distancia suficiente para ver a los demás con total tranquilidad. Si no lo han experimentado todavía, esto puede suceder hoy al salir de aquí, o en algunas de las fiestas esta tarde, o en un restaurante en el verano, o en algún aeropuerto en el otoño, o en las actividades de inducción en las universidades. Y entonces el encuentro será diferente, de repente veremos las cosas con una nueva luz. El momento parece prometedor, incluso si nos hemos estado preparando para esta sorpresa durante los últimos diecisiete o dieciocho años.

Algunas veces, en medio de una discusión en clase, ustedes hacen una observación, comparten una idea, plantean una pregunta que abre perspectivas, y yo me escucho a mí mismo diciendo espontáneamente lo que pienso, es decir: me alegra mucho que hayan venido hoy al colegio. Incluso ahora, en este mismo momento, ustedes están siendo testigos de ese tipo de sensación, planteando esa pregunta precisa y, por tanto, —de verdad es lo que quiero decir— no hay ningún doble mensaje: a todos y a cada uno, gracias, muchas gracias por haber venido hoy.

[1] "Commencement June 12 1993" (12 de Junio de 1993), Copyright © 1993 por Joseph DiPrisco. Utilizado con autorización.

Capítulo 5

Límites y estructura

¿Hay alguna regla o guía que en realidad sirva para orientar a los adolescentes?

Como casi todo lo relacionado con los adolescentes, no hay una respuesta directa o sencilla para esta pregunta. Lo que se busca es claridad en lo referente a los límites y la estructura, pero éstos responden a cada familia en particular, por tanto, las generalizaciones son difíciles. Afortunadamente, muchos de los temas que se tratan en este libro están ilustrados con ejemplos concretos. Pero, por ahora, ¿qué quiero decir cuando hablo de "límites y estructura" en lo referente a la relación padres-hijos? Básicamente, lo que interesa es proporcionar seguridad a los adolescentes a través de la consistencia, el establecimiento de expectativas claras, las orientaciones adecuadas, la retroalimentación directa, el reconocimiento y la diferenciación entre consecuencias y lecciones morales. Solamente cuando los adolescentes logran entender y confiar en la estructura que los rodea a partir de su propia experiencia, pueden alcanzar un desarrollo total. La estructura les proporciona un marco de seguridad, en el cual se apoya la autoconciencia de la adolescencia; en otras palabras, la estructura sirve de soporte para la ansiedad inherente a su desarrollo. Esto, a su vez, abre las puertas a su curiosidad, a la reflexión sobre sí mismos y al aprendizaje.

Ahora bien, ¿qué significa todo esto en términos prácticos?

Ante todo, con su hijo en décimo grado, usted no debe utilizar las mismas reglas y límites que aplicaba cuando él era tres años menor. Su mundo ha cambiado, por tanto, dichas reglas deben tener en cuenta esos cambios. En el proceso de crecimiento de una persona, desde la infancia hasta la adolescencia, la estructura y los límites deben evolucionar de acuerdo con cada uno de los estadios de desarrollo. Por ejemplo, con un bebé de un año no se negocian las horas de ir a la cama. Tampoco puede insistir en que su hijo de diecisiete años se acueste a las 9:00 todas las noches. Estos límites no son adecuados para el proceso de desarrollo. Idealmente, los límites y la estructura constituyen el fundamento de una plataforma estable que les sirve de punto de partida a los adolescentes para entrar en la edad adulta. Tenga presente que estas reglas no aplican exclusivamente a la realidad de este momento, sino que constituyen una base que puede proyectarse. La coherencia entre palabras y acciones es de vital importancia, porque no importa qué diga, lo que de verdad importa es lo que haga.

> Mis padres me han planteado reglas y expectativas muy claras. Pero siempre que me dicen algo, yo soy el encargado de hacer la traducción. Por ejemplo, cuando me dicen que debo estar en casa a medianoche, yo sé que si llego a las 12:15 no dicen nada; si llego a las 12:30 algo dicen pero no hacen nada; y si llego después de las 12:30 no sólo me dicen algo, sino que también actúan.

En este caso, aunque no hay una coincidencia exacta entre palabras y acciones, sí hay parámetros claros que el adolescente capta. Sin esto, no será posible que el adolescente haga la "traducción" adecuada. De hecho, la coherencia es tan importante que en algunos casos es mejor que haya coherencia, aunque sea equivocada, y no una incoherencia permanente entre lo adecuado y lo inadecuado.

> Hay muchas cosas que me hacen pensar que mis papás son horrorosos. Lo único que parece interesarles es que obtenga buenas notas y que esté disponible para cuidar a

mis hermanas cuando ellos salen. Es muy raro que me pregunten adónde voy cuando salgo por las noches. Siempre me dicen que debo regresar a la 1:00, pero nunca están por ahí para confirmar si lo hago, no se preocupan por hacer cumplir la regla. Sólo los veo enojados cuando los llaman del colegio porque tengo problemas y, por supuesto, cuando dejo los platos sin lavar en la cocina. No es demasiado si los comparo con los padres de algunos de mis amigos, pero al menos sé qué puedo esperar. Al menos no me están cambiando las reglas permanentemente, dependiendo de su estado de ánimo, como les sucede a muchos de mis amigos. Es difícil, pero voy aprendiendo a aceptarlo. Hay algo de lo que estoy segura: ¡ellos no van a cambiar!

Un buen ejemplo de la diferencia entre un límite general y uno literal es el límite de velocidad en las autopistas, que suele ser de 110 kilómetros por hora. Si bien éste es el límite establecido, la mayoría de las personas han interiorizado que no pueden conducir a más de 120 kilómetros por hora. Entonces, si se les multa por ir a 130 kilómetros, se van a sentir tratadas justamente. Pero si la multa es por ir a 120 kilómetros por hora, van a pensar que se está cometiendo una injusticia.

Lo mejor es asegurarse de que las orientaciones y las reglas que establece para su hijo adolescente sean coherentes con sus valores. Si reflejan lo que usted considera adecuado, seguramente no habrá problemas para definirlas. Hay demasiados padres que establecen expectativas irreales tanto para ellos como para sus hijos adolescentes.

Como queríamos ser unos padres perfectos, leíamos todos los libros de consejos para padres y hablábamos con otras parejas acerca de las tareas, las horas de llegada de nuestros hijos, de cuándo permitirles conducir y cosas por el estilo. Muy pronto, logramos establecer una serie de normas claras que harían sentir muy satisfechos hasta a los mayores expertos. Pero todas ellas se deshicieron casi de inmediato, porque en realidad no estábamos totalmente convencidos de ellas. Es decir, en teoría sí que creíamos en ellas, pero no coincidían con la realidad del día a día. Las expectativas eran demasiado altas. Por ejemplo, habíamos dicho: ninguna llamada telefónica antes de terminar todas las tareas. Pero, en realidad, tanto mi esposa como yo solemos hablar por teléfono inmediatamente después de comer, sin haber terminado algún trabajo pendiente, entonces nos dimos cuenta de lo injusta que era la medida. También nos dimos cuenta de que era más importante que nuestra hija fuera capaz de responsabilizarse ella misma y no sólo que supiera seguir ciegamente ciertas normas. Esto nos llevó a editar las reglas establecidas, para que se ajustaran a lo que en realidad consideramos importante. Quizá no tengamos las "mejores" normas del mundo, pero al menos son las que honestamente consideramos mejores.

Las reglas poco realistas abren paso a muchas inconsistencias en la comunicación y en la aplicación de las mismas, lo que se traduce en inestabilidad para los adolescentes. Dada la naturaleza del mundo adolescente, la inestabilidad es una limitación muy severa. (Ver Capítulo 2.)

Es complicado establecer una estructura adecuada, puesto que la adolescencia es una etapa del desarrollo muy diferente a todas las otras. No basta con hacer un sencillo reacomodo de las estrategias y estructuras que funcionaron durante la infancia; es necesario hacer una reestructuración total. Además, es muy importante dar cabida a la respuesta de los adolescentes. A través de la negociación, ellos aprenden a dar su opinión y a ganar autonomía, una tarea que es muy importante en este estadio del desarrollo y que, además, les ayuda a asumir sus propias responsabilidades.

Entonces, ¿cómo decidir cuáles son los límites adecuados? La mejor manera que conozco es trabajar mirando las cosas en retrospectiva. Primero, trate de imaginar el momento en el que los adolescentes, a sus dieciocho años, van a adquirir cierta autonomía, porque terminan la secundaria y entran en la universidad, lo que a veces implica ir a otra ciudad. En este momento, son más dueños de sí mismos, al menos si se compara con lo que ha sido su vida hasta entonces. ¿Qué tipo de decisiones tendrán que tomar? ¿De qué habilidades deberán disponer? ¿Cómo las van a adquirir? ¿Qué experiencias (es decir, errores) son necesarias para aprender todo esto? Después de haber reflexionado al respecto, retroceda al presente. Esto le ayudará a determinar estructuras y límites apropiados. (En el Capítulo 7 encontrará más información al respecto.)

> Yo pude establecer, de modo bastante conflictivo, la diferencia entre sobreproteger y ayudarle a mi hijo mayor a entrar en la edad adulta. Claramente, yo era un padre sobreprotector. Cuando él entró en la universidad, en otra ciudad, no sabía en dónde lavar su ropa, no sabía cómo controlar sus gastos, ¡ni siquiera sabía cómo lavar un baño! Ni hablar de algunas habilidades más personales, es decir, cómo programar su tiempo, cómo establecer prioridades y cómo lograr el equilibrio en las negociaciones con sus compañeros de residencia. Pueden creerme, a su hermano menor le estamos proporcionado todas las oportunidades para que tenga la experiencia necesaria en todo esto antes de irse de casa.

Sin una exposición gradual a este tipo de experiencias, es posible que los adolescentes tengan que enfrentarlas todas a la vez, lo que a veces les resulta abrumador. La idea de establecer límites y estructura es, al menos, tan importante en éste como en cualquier otro período del crecimiento. Por naturaleza, los seres humanos tienen una capacidad especial para medir y sopesar los límites. Estamos hechos para explorar los límites más extremos de nuestra existencia. Los adolescentes no son la excepción. Antes de lograr relajarse y dedicarse a algo, necesitan comprender y experimentar los parámetros exactos del medio que los rodea. Esto lo hacen para verificar cuáles son sus límites. Dispóngase a quedar en evidencia. Es más, si esto no sucede... ¡sospeche! Y por difícil que le parezca, nunca lo tome como una ofensa personal.

> Todos los años pasa exactamente lo mismo. Al empezar el año, les entrego a mis estudiantes el programa del curso junto con las reglas que he establecido. Lo revisamos todo en nuestra primera reunión y la única regla que les queda absolutamente clara es: "Llegar a tiempo o no venir". Lo que hago siempre es cerrar la puerta cuando suena la campana para iniciar clases. Si algún alumno llega tarde sin traer una excusa escrita, no puede entrar y recibe un cero por la ausencia del día. Es una regla simple y sin sentido. Todos la comprenden y llegan a tiempo, al menos los primeros días. Luego me ponen a prueba. Y con frecuencia, la persona que la aplica es la que menos esperaría. Llega a clase sin excusa escrita pero con un buen paquete de "excusas válidas". No es necesario decirlo, no la recibo, lo que sorprende mucho a sus compañeros, pero el incidente casi nunca se repite, al menos en el semestre. Y si se repite, las consecuencias son aceptadas sin el más mínimo comentario.

Como adultos, aplicamos las mismas pruebas, aunque, generalmente, de modos más sutiles.

La dificultad para mantener la firmeza y la consistencia con los adolescentes es que, por razones de su desarrollo, están más equipados que nunca para ponernos a prueba, para escabullirse y para discutir con nosotros y con nuestra lógica. Por tanto, los padres tienden a tomar uno de dos caminos. El primero es volverse exageradamente rígidos, lo que hace que la estructura se convierta en el símbolo de una batalla de voluntades: la suya y la de su hijo adolescente. Cuando se llega a este extremo, la basura tiene que sacarse cuando usted lo diga, sin dudar ni un momento. El segundo camino es tomar una actitud demasiado flexible, lo que hace que la estructura sea apenas una especie de realidad implícita, pero sin límites verdaderos. En este extremo, nunca se menciona la necesidad de sacar la basura, usted prefiere sacarla porque no se imagina que se pueda hacer de otra forma; además, considera que no vale la pena discutir por eso. Los dos extremos son igualmente desastrosos para el desarrollo del adolescente. Es decir, como se afirmó antes, la manera en la que ellos negocian y se comprometen es un buen reflejo de su nivel de madurez y responsabilidad. Cuando los chicos pueden negociar e ir asumiendo sus responsabilidades, hay un cambio total en la relación con sus padres. Y los padres deben estar atentos para percibir los cambios.

> ¡No me van a creer lo que pasó la otra noche! Fue algo maravilloso. Como todos saben, estaba cansado de que me trataran como si tuviera doce años: me decían cuándo hacer las tareas, me decían que tenía que ordenar mi habitación, me decían que no hablara por teléfono, me decían qué comer y qué no comer, etc. Bueno, llegó el momento en el que exploté. Una noche, les dije que ya tenía dieciséis años y que si querían que actuara como una persona de dieciséis años tenían que dejar de tratarme como si tuviera doce y empezar a tratarme como si tuviera dieciséis. No les di ningún ejemplo; en lugar de eso, les dije que estaba harto de que trataran de dirigir mi vida y que quería poder ser dueño de mi propia vida. En realidad, estaba furioso y esperaba que se desatara una batalla campal. Cuando terminé, para mi sorpresa, los dos sonrieron y dijeron: "¡Ya era hora!" ¡Habían estado esperando mi reacción durante los últimos seis meses! ¡No lo podía creer! Es divertido, eso sucedió la semana pasada y las cosas han mejorado montones para ellos y para mí, y no es que estén haciendo cosas muy distintas. Sencillamente, me tratan de otro modo, lo que hace que los entienda mejor. Genial, ¿no es cierto?

Repito, la negociación de los límites y la estructura con su hijo adolescente es la mejor fuente de información para saber cuál es el nivel de madurez del chico.

El último punto en relación con la dificultad de establecer límites y estructuras tiene que ver con que su hijo es un adolescente, por tanto, usted tiene menos control sobre él, cosa que el chico sabe perfectamente. Si él decide ir contra sus orientaciones y faltar a clase, ir a las fiestas sin nadie que usted conozca, llegar a casa después de la hora establecida y muchas cosas más, en realidad no es mucho lo que usted puede hacer, a menos que decida golpearlo (lo que generalmente no se recomienda) o llamar a la policía. Pero, a la larga, no deje de lado la importancia y la influencia que tienen sus opiniones e ideas. Éstas importan, y mucho, por eso es indispensable que logre articularlas sin insistir demasiado.

> Mis padres me dicen claramente cuál es su posición en todos los aspectos de la vida, pero me dan libertad para tomar mis propias decisiones, lo que no significa necesariamente que las aprueben. Incluso están dispuestos a discutir conmigo cosas de fondo. Claro que no siempre fue así. Cuando estaba en octavo y noveno, yo no les decía nada. Solía mentir mucho y nunca me pillaron. Pero llegó el momento en el que no tenía nada que hablar con ellos distinto a las noticias locales y al estado del tiempo. Les había dicho tantas mentiras que tenía miedo de delatarme. Por ejemplo, llegué a preguntarles qué tal era una película que se suponía que ya había visto. En todo caso, me cansé de todo eso. Me sentía muy mal con mis amigos y no tenía a quién recurrir. Entonces decidí contarles que les había mentido mucho. Incluso les confesé algunas de las cosas que había hecho, pero ellos no quisieron que siguiera con la lista. Pasamos casi toda una noche hablando y, en últimas, fue como quitarme de encima un peso enorme. Las cosas son mucho más fáciles ahora.

CAPÍTULO 6

Consecuencias lógicas

¿Cuáles serían unos castigos justos cuando los adolescentes no respetan las reglas? En realidad, ¿qué tan efectivos pueden ser los castigos?

Aquí entra en juego el principio de las consecuencias lógicas. En su calidad de padre-asesor, usted ha establecido un castigo que es una consecuencia lógica de la falla.[1] Por ejemplo, si la trasgresión tiene que ver con una utilización indebida, engañosa o irresponsable del automóvil, lo lógico sería que el castigo fuera una restricción en la utilización del mismo. En un mundo ideal, este principio de la consecuencia lógica para corregir errores recurrentes puede ser aplicado con su hijo en una diversidad de ocasiones y durante toda su época preadolescente, de manera que él ya lo ha interiorizado cuando el automóvil entra a hacer parte de la discusión (por supuesto, no espere que le agradezca cuando usted trate de ayudarle a aprender sus responsabilidades y a asumir las consecuencias de sus actos si el castigo por llegar tarde el viernes en la noche es no prestarle el automóvil que necesitaba para ir a una cita muy especial el sábado siguiente).

Si se concentra en las consecuencias lógicas (o lo más lógicas que sea posible) de una acción, usted logra reforzar este concepto dentro de un mundo lógico y no actúa como un juez todopoderoso (y resentido) que asume la posición de juez y jurado en un mundo impredecible. ¿Qué le parecería si se presenta en un tribunal de las autoridades de tránsito para quejarse por una multa que le pusieron por exceso de velocidad, y se encuentra con que el agente que se la impuso es juez y jurado en el proceso, es decir, no sólo es quien decide en su contra, sino quien le triplica la multa? Exactamente así se sienten los adolescentes cuando las consecuencias se deciden de manera arbitraria o cuando no son consecuentes con el principio en cuestión.

Tener siempre presente el principio de las consecuencias lógicas le permite reducir, o al menos evitar, muchos de los conflictos de poder en la relación adulto-adolescente que suelen ser la fuente de roces entre ellos. Ray Greenleaf, un colega mío, solía decir: "El conflicto casi nunca tienen que ver con quién saca la basura. Lo que está en la base del mismo es el problema del poder, más específicamente, se trata de demostrar quién manda". El encanto del enfoque del principio de las consecuencias lógicas es que pone a un lado el problema del poder; el adolescente está a cargo de la situación porque la consecuencia será el resultado lógico de sus acciones u omisiones. Usted simplemente está sosteniendo la ley de causa-efecto.

> Un mes después de una reunión con un grupo de padres de alumnos del último grado, me llamó una madre a relatarme la siguiente anécdota relacionada con las consecuencias lógicas.
>
> Sucedió en una noche de *Halloween,* un viernes muy importante. Mark (de dieciséis años) iba a salir con un grupo de amigos. Dijo que no tenía un plan específico: pasarían por algunas casas en las que había fiesta y darían una vuelta por los alrededores, pero de cualquier manera llegaría a casa alrededor de la una. Todo parecía normal, pero después de que él saliera de casa caí en cuenta de que la vestimenta que llevaba era inusualmente informal y que todos iban en la camioneta de uno de los chicos, algo que nunca los había visto hacer antes. Me quedé con cierta duda, pero la deseché y decidí que le preguntaría a

Mark cuando volviera a casa. Las cosas evolucionaron de modo tal que no tuve que hacer la pregunta.

Cerca de la medianoche, recibí una llamada de la policía local. ¡Habían detenido a Mark y a un par de sus amigos por tirar huevos contra los autos desde la parte trasera la camioneta! Unos de los huevos los estrellaron contra un automóvil deportivo muy veloz, cuyos ocupantes lograron ver el número de las placas de la camioneta de los chicos. No habían presentado cargos formales, simplemente querían darles una lección y que les pagaran la suma necesaria para lavar y brillar su auto. Me quedé de una pieza y por alguna razón me excusé con el policía. También le dije que estaría allí en diez minutos. Pero había algo que no funcionaba y decidí llamar a la estación para hacer algunas preguntas. El agente me dijo que todavía no le habían informado a Mark que habían hablado conmigo y que la estación estaba muy congestionada, porque, debido a la agitación normal de los fines de semana, había llegado una buena cantidad de delincuentes. Para no hacer largo el cuento, le dije al policía que le informara a Mark que no me podría localizar de inmediato y que tardaría un par de horas en llegar; así lo dejaba pasar un rato allí solo, sin sus amigos. El policía se rio entre dientes y dijo que "atendería" a Mark hasta que yo llegara.

Para decir lo menos, Mark se mostró muy complacido de verme cuando llegué. En realidad, no tuve que decir mucho y no me sorprendió que Mark estuviera más que dispuesto a sufrir las consecuencias y aceptar cualquier cosa que yo estuviera pensando.

Examinemos este caso con cierta atención. Si la madre hubiera ido a buscar al chico inmediatamente, ¿qué se habría perdido? Primero, ella no habría tenido el tiempo necesario para reflexionar acerca de lo sucedido. Es decir, sin el tiempo suficiente, la respuesta natural de la madre sería reaccionar exageradamente porque su hijo había sido detenido por la policía. Segundo, el lapso de tiempo que decidió esperar le dio la posibilidad de ubicar el incidente en sus debidas proporciones: su hijo estaba enfrentando las consecuencias sociales provocadas por sus actos. ¿Recuerda que ella se disculpó con el policía cuando recibió la llamada? Como se tomó el tiempo necesario (después de asegurarse de que el chico estaba bien y a salvo) permitió que Mark experimentará en carne propia las consecuencias de sus actos. Realmente, ésta es la única manera de que los chicos aprendan que lo que uno hace tiene sus consecuencias y de que conozcan la consiguiente reponsabilidad personal que esto implica. Cuarto, la separación le permitió calmarse para no agredir verbalmente a Mark al ir a buscarlo. Si lo hubiera hecho, quizá hubiera arruinado la posibilidad de que el chico aprendiera la lección, porque éste habría proyectado en ella su desasosiego y habría reaccionado con ira e indignación. "¿Qué esperabas que dijera? Me equivoqué, ¡es todo! No robé ningún banco ni hice nada parecido. ¡Castígame o algo por el estilo, pero no me sermonees como si tuviera cinco años!" Pero al demostrar su desconcierto con su actitud y no darle un castigo exagerado lo obligó a asumir la responsabilidad de lo que había hecho.

Cuando su hijo adolescente cometa alguna infracción, es fundamental que le haga saber, de modo explícito, cómo, cuándo y por cuánto tiempo sufrirá las consecuencias. Los dos necesitan saber cuándo se recupera la confianza y cuándo será relegado el incidente a su lugar adecuado en la historia. Por ejemplo, es injusto decirle al adolescente que sólo podrá volver a usar el automóvil cuando usted así lo decida, y luego, cuando el chico presione, decirle vagamente que usted sabrá cuándo hacerlo. Esto saca de casillas a los chicos y, por lo general, los lleva a cometer actos de irresponsabilidad que superarán cualquier frontera. Si da pasos concretos y establece plazos definidos, les ayudará a controlar su ansiedad y, a la vez, les dará la posibilidad de actuar positivamente por su cuenta. Sin esto, la mayoría de los adolescentes se sienten abrumados y pueden volverse pasivos o, lo que es peor, pueden tender a adoptar actitudes negativas. Cuando su hijo haga una tontería, busque la manera de sentarse a conversar, pero deje que pase el tiempo necesario para que todos puedan actuar razonablemente y negociar las consecuencias. Es muy válido y sabio no tener esta conversación al calor del momento; un "hablaremos de esto en el almuerzo mañana" suele ser adecuado. También, como se mencionó antes, cuando ya se han sufrido las consecuencias, no es justo resucitar el incidente o los sentimientos que éste despertó. La idea de este modo de proceder es que se recupere la confianza y que todos puedan seguir adelante. Utilizar los acontecimientos del pasado en las discusiones suele ser una buena fórmula para lograr que las relaciones sean tumultuosas.

> Me metí en problemas por no ir a clase hoy, y el vicerrector llamó a mis padres. Estoy seguro de que están hablando con él ahora. Cuando llegue a casa estarán tan enfadados que tendré que soportar el recuerdo de todas las cosas malas que he hecho en los últimos diez años. Puede que te rías, ¡pero es cierto! La última vez que me metí en problemas, me sermonearon una y otra vez recordándome que cuando estaba en cuarto de primaria no había puesto la cadena de la bicicleta y me la habían robado. Justo en ese momento estallé y empezó la batalla. ¿Qué puede hacer uno?

Por supuesto, aunque usted no tienda a recordarle el incidente a su hijo adolescente, es suficiente para que él se ponga a la defensiva, no importa cuál sea su actitud. Si quiere que las cosas funcionen, es de gran importancia que no caiga en la tentación de hacer lo que los terapeutas Ben Furman y Tapani Ahola llaman la "culpabilización recíproca".[2]

Idealmente, antes de aplicar la estrategia de las consecuencias lógicas, es importante que las dos partes presenten su punto de vista. Como padre, usted debe mencionar cuál es el problema y cuál, la consecuencia (aunque parezca que su hijo adolescente pasó la noche en blanco pensando en esta conversación).

> Simplemente, quiero recordarte que habíamos acordado que llegarías a casa a medianoche y que si, por alguna

> razón, te ibas a retrasar, nos avisarías para que no nos preocupáramos innecesariamente. Pero no llamaste y llegaste a casa con una hora de retraso. En mi opinion, tú no respetaste el acuerdo y nosotros dos estuvimos despiertos hasta esa hora o, en realidad, una hora más, porque después de que llegaste estuvimos hablando de lo que había pasado, pero de eso no te responsabilizamos a ti porque habíamos aceptado la posibilidad de que esto sucediera desde el momento en que decidimos ser padres. Por tanto, ¿tienes alguna sugerencia de lo que debemos hacer ahora?

Las primeras veces que utilice este método es posible que su hijo no tenga ninguna sugerencia, pero con el tiempo se adaptará y aportará ideas. De cualquier modo, usted tiene que pensar muy bien en los posibles pasos que se van a seguir, pero sin convertirlos en una camisa de fuerza.

> Bueno, vamos a hablar primero del tiempo que nos hiciste perder, porque es la parte más fácil del problema. Yo iba a lavar la ropa hoy, y tu padre iba a podar el césped; como cada una de estas tareas exige más o menos una hora, sugerimos que te encargues de esas tareas hoy para que nosotros podamos disfrutar de ese tiempo para descansar o para hacer una siesta. Ahora, y lo que es más importante, vamos a hablar del compromiso. Sugerimos que el próximo fin de semana regreses a casa una hora antes de lo acostumbrado. Cuando termine el fin de semana, nos reuniremos para charlar un momento y esperamos que después de esto las cosas vuelvan a su curso normal. Sin embargo, si ocurre algo más, de nuevo nos sentaremos a hablar y volveremos a empezar. ¿Qué opinas? ¿Tienes alguna pregunta o quieres sugerir una modificación? ¿No? Entonces demos por terminado el asunto.

Tenga claro que la discusión acerca de las consecuencias no es una ocasión para sermonear al chico ni para explicarle cómo lo afectó a usted su trasgresión. (La tentación de culpabilizar es grande. Resístala. La culpabilización sólo sirve para sabotear cualquier posible enseñanza.) Su hijo adolescente sabe muy bien que sus actos lo afectan a usted. De hecho, desde la perspectiva del chico, su explicación sólo servirá para empeorarlo todo porque ahora siente que lo que usted está haciendo es restregarle las cosas en la cara. En cuanto a la lección, pues bien, el chico atará los cabos en privado, cuando usted no esté presente.

Cuando los chicos hablan de sus padres, con frecuencia mencionan "los sermones de sus padres" o "las lecciones paternas acerca de cómo sermonear". Parece que todos pueden ponerse de acuerdo en al menos seis o siete de las lecciones favoritas de sus padres. Una psicóloga que conozco utiliza el siguiente ejercicio para poner las cosas en claro.

> Una madre y su hija adolescente llegaron al consultorio de la psicóloga. La chica no creía tener ningún problema, pero su madre estaba convencida de que sí tenía unos cuantos. Entonces, la psicóloga decidió hablar primero con la chica a solas, luego con la madre y, por último, con las dos al tiempo. En la cita siguiente, la psicóloga se reunió primero con la hija y le pidió que hablara de los sermones repetitivos de su madre que había mencionado la cita anterior. Le preguntó qué tan bien se los sabía. La chica le aseguró que se los sabía perfectamente. ¿Tan bien como para repetirlos y grabarlos?, le preguntó la psicóloga. La chica sonrió y dijo que sí. Entonces grabó dos de los "sermones" favoritos de su madre. En la segunda parte de la sesión, la psicóloga puso a funcionar la grabadora para que la madre la escuchara, con el fin de demostrarle que lo que le decía a su hija sí era registrado aunque no lo pareciera. De hecho, muy pronto se hizo evidente que las intenciones "educativas" de las charlas se habían logrado tiempo atrás, pero ahora las estaban distanciando. Para la madre fue claro que la chica sí había recibido el mensaje, y la única esperanza que tenía ahora era que en los mo-

mentos de tomar una decisión sus palabras le sirvieran de algo a su hija antes de actuar. Además, la mamá se dio cuenta de que sus palabras no eran suficientes para que su hija aprendiera algo. Era necesario que ella aprendiera sus propias lecciones.

Algunas precisiones finales acerca de las consecuencias lógicas. Es evidente que su objetivo es que los chicos comprendan la ley de causa y efecto. Pero tenga mucho cuidado, asegúrese de que la comprensión de las leyes no le permita al adolescente lavarse las manos; es decir, asegúrese de que enfrente las consecuencias de sus actos. De otro modo, y sin darse cuenta, lo que usted está haciendo es reforzar la idea de que si el chico comprende las cosas y experimenta remordimientos ya está todo hecho. Si las cosas quedan así, está propiciando que el chico pierda la oportunidad de aprender algo que realmente lo lleve a modificar positivamente su comportamiento.

> Mis padres casi nunca me castigan cuando me equivoco. Lo primero que hacen es gritarme, lo que me enfurece, pero simplemente me aguanto y oigo casi todo lo que me dicen. Luego, cuando llega el capítulo "castigos", yo arremeto con una disculpa, unas lágrimas y la promesa de nunca volver a hacer lo que hice. Después de un rato, cuando ellos están seguros de que he comprendido y de que en realidad estoy arrepentida, simplemente se olvidan de todo. Y no es que yo haga eso para evitar problemas. En realidad, me siento muy mal y muy arrepentida por lo que hice. Tal vez soy una experta en arrepentimiento.

También es importante tomarse el tiempo antes de decidir cuáles son las consecuencias; si no lo hace así, es posible que su reacción sea exagerada y tenga que retractarse de lo dicho. Por ejemplo, castigar al adolescente por llegar tarde a casa es una cosa, pero extender el castigo por seis meses, al calor del momento, es otra. Es un castigo que no debería, o definitivamente no podrá, hacer cumplir. Pero cuando algo suceda y su reacción sea exagerada, no tema disculparse después, incluso retractarse de algunas de las cosas que dijo. Esta honestidad, si es verdadera, es más útil que cualquier otra lección.

La persuasión es también muy importante durante este proceso. Con el tiempo, los adolescentes aprenderán que si bien ellos tienen que enfrentar las consecuencias de sus actos, también pueden modificar la norma. Así, las puertas estarán abiertas a unas negociaciones realistas y al compromiso en los acuerdos padres-adolescentes. Es posible que muchos padres se sorprendan al ver cuántas veces los chicos hacen los acuerdos sabiendo que no los van a cumplir y sabiendo también que van a ser descubiertos. Esto sucede cuando no sienten que de verdad participan en la decisión. Cuando los chicos perciben que no se trata de una verdadera negociación, también descubren que lo mejor que pueden hacer es aceptar cualquier cosa para después hacer lo que les parezca.

> Una buena parte de las razones que me llevan a mentir es que mamá, en realidad, no me da otra opción. Su actitud es tan ingenua e idealista que me es imposible ser franca con ella. Si lo fuera, no me dejaría hacer nada... ¡y me tocaría pasar los fines de semana mirando televisión con mis padres! Me encantaría que ella fuera capaz de manejar mi sinceridad sin alterarse y me dejara dirigir mi vida. Si confiara un poco más en mí, yo confiaría más en ella. Por ejemplo, las fiestas a las que voy. Su regla es que no puedo ir a ninguna fiesta en la que haya bebidas alcohólicas, aunque sabe que yo no bebo. Eso deja fuera la mayoría de las fiestas. Por tanto, casi siempre digo que no va a haber bebidas en las fiestas a las que voy. Pero la otra noche uno de los chicos se emborrachó de verdad y me asusté mucho. Normalmente yo hablaría con mamá de algo así, pero como le tengo que mentir, pues ahora no le puedo contar cuando pasa algo. Eso es malo para las dos.

Esto pone de presente que el tema del castigo como consecuencia suele estar plagado de dificultades. Si los castigos se piensan detenidamente, son razonables y se aplican con responsabilidad, las consecuencias pueden ser excelentes. Pero, por lo general, los castigos no son manejados así, porque suelen ser la consecuencia de una decisión tomada al calor de los acontecimientos, y en estos casos los padres quieren ver inmediatamente los efectos del castigo en su hijo adolescente. Desafortunadamente, con esto sólo se logra que las tensiones vayan en aumento, que la ansiedad sea mayor y que surjan sentimientos negativos. Además, el castigo como consecuencia casi nunca se aplica en su totalidad, y los adolescentes lo saben. Cuando se les pregunta acerca del castigo como consecuencia, la mayoría de los adolescentes dicen que saben que sus padres reaccionaron acaloradamente. Para un adolescente, un castigo de un mes suele convertirse en un castigo de una semana. Para otro, un castigo de tres semanas se traduce en que tiene que portarse bien unos cuantos días, lo que, con seguridad, hará que sus padres se olviden del castigo el siguiente fin de semana. Si se les presiona un poco más, los chicos se ponen furiosos, tristes, arrepentidos y hoscos, con el fin de hacer sentir a sus padres que el castigo los afectó. Estas manifestaciones suelen ser un indicativo de que pierden una batalla (hacer ver los efectos que tuvo el supuesto castigo), pero que a la larga ganarán la guerra (poder salir de nuevo el siguiente fin de semana).

Tenga presente que los castigos no suelen ser efectivos porque la mayoría de los padres olvidan que cuando castigan a los chicos también se castigan a sí mismos. Al menos así debería ser. Se castiga a un chico porque ha violado algún tipo de acuerdo o norma, por tanto, ha demostrado, aunque sea ocasionalmente, que no es capaz de controlar su propio comportamiento. Es imposible, entonces, que él mismo pueda vigilar su propio castigo. Más bien necesita una cierta ayuda para aprender a autocontrolarse y, así, reflexionar y aprender de su error; si no se procede de este modo, el comportamiento se va a repetir. Necesita más estructura, no menos. ¿Y quién mejor que sus padres para proporcionar dicha estructura? Cuando los padres castigan a sus hijos, también se castigan a sí mismos, porque son ellos los encargados de proporcionarles esa estructura más firme (esa supervisión) a los chicos. Por ejemplo, cuando un niño está aprendiendo a montar en bicicleta y se cae continuamente, el padre responsable es el encargado de proporcionarle las ruedas de apoyo (el castigo) y la supervisión emocional (su presencia). Lo mismo pasa con los castigos para los adolescentes.

Dos puntos más acerca de los castigos. En primer lugar, el objetivo de los castigos es que los adolescentes aprendan que sus actos realmente tienen consecuencias y que las tienen que enfrentar. Esto se hace evidente cuando los chicos aceptan las consecuencias sin protestar. De alguna manera, han contemplado las consecuencias a largo plazo y han optado por la ganancia a corto plazo y, entre tanto, son conscientes de que van enfrentar y aceptar las consecuencias más tarde. Un maestro me relató el siguiente incidente, que es bastante ilustrativo.

> El otro día, una estudiante faltó a mi clase y no pudo presentar un examen sorpresa. Lo que hace de esta historia algo diferente es que al día siguiente me buscó para decirme que era consciente de haber faltado a mi clase. Quería que supiera que no era nada contra mí, sino que se le había presentado algo muy urgente. Además, en su opinión, era algo que valía la pena, aun sabiendo las consecuencias que le acarrearía faltar a clase. Cuando le dije que habíamos tenido un examen sorpresa, tragó saliva y reconoció que sabía cuál era mi política sobre los que faltaban a clase: un cero en el día, incluyendo los exámenes y la tarea, sin oportunidad de recuperación. Entonces me sorprendió mucho cuando me dijo que lo consideraba justo y que, aunque no le complacía para nada, ¡lo entendía! Sin divulgar los detalles, aproveché el siguiente encuentro que tuve con sus padres para decirles que su hija era muy responsable y que los felicitaba por la forma en la que estaban permitiendo que ella asumiera sus responsabilidades tan conscientemente.

En segundo lugar, los castigos también pueden significar una extraña oportunidad para que la familia vuelva a abrir los canales de comunicación y entendimiento. Debido a la naturaleza del mundo adolescente, con frecuencia el único modo que los chicos tienen para pedir algo es hacer precisamente lo contrario. A continuación, un relato de algo que sucede con relativa frecuencia.

> Después de una reunión, un padre vino a hablar conmigo para decirme que en realidad estaba de acuerdo con la idea de que algunos comportamientos podían tener múltiples significados. Su hijo había violado abiertamente la norma de la hora de llegada a casa y eso era muy raro en él. Los padres decidieron castigarlo la noche siguiente, es decir, el sábado. Conscientes de su responsabilidad, también cancelaron sus planes para esa noche. La primera parte de la noche fue bastante difícil porque hacía mucho tiempo que no estaban en casa un sábado por la noche. Después de la cena, se separaron e hicieron lo que acostumbraban hacer cada noche, más o menos hasta las 9:00, cuando el chico sugirió que alquilaran una película. Como él estaba castigado, uno de los padres salió y eligió la película. Y bueno, para no hacer largo el cuento, terminaron mirando la película, comiendo *popcorn* y, después de la película, los tres charlaron un largo rato de cosas sin importancia, simplemente por hablar. Cuando ya se iban a la cama, el padre le dijo al hijo que tuviera mucho cuidado, pues le había gustado el castigo y de pronto echaría mano de éste con más frecuencia.

Las sanciones pueden ser consecuencias efectivas cuando son concebidas después de pensarlo bien y si su duración es corta. Sin embargo, éstas no reemplazan una actitud permanente de seguimiento paterno; de hecho, requieren más atención que otras posibles consecuencias.

Hasta este momento he hablado de las consecuencias lógicas desde la perspectiva de los padres frente a los adolescentes, pero los mismos principios también son útiles para ayudarles a ser mejores padres. Usted puede aprender a ser mejor padre a partir de las consecuencias lógicas de sus actitudes, omisiones, palabras y períodos de silencio en la relación con su hijo adolescente. Si usted es abierto y logra distinguir cuál es la retroalimentación útil y cuál es la improductiva, aprenderá mucho, no sólo en lo que tiene que ver con el modo de relacionarse con su hijo sino también en lo que respecta a su crecimiento personal.

> Me resulta difícil admitirlo, pero hay ocasiones en las mi hija tiene razón cuando critica ciertas actitudes mías. Parece disfrutar mucho cuando se da cuenta de que asumo la actitud de "yo llevo las riendas", es decir, cuando le digo que haga o no haga algo simplemente porque yo soy su madre. Por lo general, lo hace con buenas intenciones, pero hay ocasiones en las que lo hace simplemente para retarme. Ella suele ser el mejor espejo que tengo a mi alrededor, pero a veces me cuesta mirarme en él.

---

[1] El libro *Children in Challenge* de Rudolf Dreikurs proporciona comentarios muy valiosos relacionados con la importancia de las "consecuencias lógicas" en la educación de los niños.

[2] Furman, Ben y Tapani Ahola. *Solution Talk: Hosting Therapeutic Conversations.*

CAPÍTULO 7

Bebidas alcohólicas, drogas y fiestas

Me angustio mucho cuando mi hijo, que está en noveno grado, va a fiestas en las que las bebidas alcohólicas y las drogas están a su disposición. ¿Qué puedo hacer al respecto?

A muchos padres les angustia la posibilidad de que las bebidas alcohólicas y las drogas puedan interferir en el desarrollo de su hijo adolescente y, más específicamente, les preocupan los problemas inmediatos que puede enfrentar un adolescente "normal" cuando ingiere bebidas alcohólicas o drogas: una detención por conducir ebrio, un posible accidente o una relación sexual con consecuencias graves; sólo menciono aquí unos pocos de los posibles desastres. Estos temores son legítimos, especialmente si tenemos en cuenta que a los adolescentes les encantan los riesgos. Hay algunas posibilidades y reflexiones que le pueden ayudar a manejar estas situaciones.

Quizá algunos lectores sientan un temor particular ante la lectura de este capítulo porque se trata de una realidad dura y muy difícil de enfrentar. Pero es importante que intente adoptar la mejor disposición para poder comprender la información que sigue, pues es esencial para entender el mundo de su hijo adolescente.

Para empezar, tómese un tiempo para reflexionar acerca de las siguientes preguntas. Respóndalas con honestidad y trate de tomar cierta distancia frente a su situación de padre o madre de familia. Después, trate de mantenerlas presentes mientras lee el resto del capítulo.

Recuerde sus años de secundaria y de universidad. (Se incluyen aquí los primeros años de la universidad, porque debido a la velocidad de los cambios sociales que vivimos actualmente los chicos tienen que enfrentar ciertas situaciones y deben tomar algunas decisiones mucho antes de lo que a usted le tocó.)

- ¿Qué tipo de chico fue usted?
- ¿Quiénes eran sus amigos?
- ¿Cómo era su familia?
- ¿Qué hacía para divertirse en la escuela? ¿Y los fines de semana?
- ¿Hacía cosas a escondidas de sus padres? ¿Cuáles? ¿Por qué?
- ¿Estas escapadas qué efecto tuvieron para su desarrollo personal? ¿Le hicieron daño? ¿Le sirvieron?
- ¿Les causaba mucho disgusto a sus padres sorprenderlo haciendo esto?
- ¿Cómo reaccionaban? ¿Su actitud le ayudaba a usted? ¿Por qué sí o por qué no?
- Desde la perspectiva de un adulto, ¿estuvo alguna vez verdaderamente en peligro? ¿Sintió lo mismo en ese momento?
- ¿Alguien habría podido decirle algo o hacer algo para influir en su comportamiento, aunque fuera sólo un poco?

Una de las razones por las que los adolescentes experimentan con las bebidas alcohólicas y con las drogas es porque son elementos presentes en su vida diaria. No hay prácticamente nada que los padres puedan hacer al respecto. Por mucho que nos asuste la idea, las bebidas alcohólicas y las drogas están al alcance de los chicos de secundaria, y cuando estos llegan a los cursos superiores la cuestión no es la disponibilidad, el problema es el deseo. Lo que pueden hacer los padres es educarse a sí mismos, dar ejemplo de una relación sana con las bebidas alcohólicas, proporcionar orientaciones y expectativas claras, definir con claridad las consecuencias y poner énfasis siempre en la seguridad como elemento primordial. Éstos son los aspectos que debemos analizar al referirnos a este tema. Primero, ¿qué puede mover a los adolescentes a experimentar con las bebidas alcohólicas y con las drogas? Esta atracción es una consecuencia natural de los temas analizados en el Capítulo 2. Hay tres horizontes de los que se identificaron en ese capítulo que juegan un papel integral: la interacción social, la amistad y la identidad personal.

En el aspecto social, la experimentación con la bebida o con el consumo de drogas ofrece inmediatamente una especie de nicho protector. Cuando hay conflictos de relación, la bebida y las drogas solucionan temporalmente los problemas de aceptación. Es decir, los chicos que beben y consumen drogas suelen ser fácilmente aceptados en algunos grupos de compañeros (compañeros que ellos consideran atractivos), lo que los introduce de inmediato en un grupo social ya conformado. También están las decisiones sobre qué hacer durante los fines de semana, puesto que los "amigos" muy posiblemente los invitan e incluyen en sus planes. También las defensas de los adolescentes disminuyen cuando están bajo la influencia del alcohol o de las drogas, porque son menos conscientes y más espontáneos, características que todos quisieran tener.

> Yo nunca me sentía totalmente seguro con mis amigos. Parecía como si no hubiera suficiente cercanía con ninguno, al menos no como yo lo deseaba. Pero cuando empecé a ir a fiestas, me desinhibí de un momento a otro. Tenía más confianza en mí mismo y mi autoestima subió. Lo que es más importante, parecía como si les gustara a los demás. Decían que yo era divertido y alegre. Pronto, mi vida social se intensificó. Me llamaban mucho por teléfono y me invitaban a muchas fiestas los fines de semana. ¡Fue genial!

Los adolescentes experimentan una primera sensación de intimidad cuando son aceptados en un grupo, especialmente cuando han estado soñando con ser aceptados en un grupo de amigos. Tienen la sensación de haber logrado una cierta intimidad al compartir la experiencia de la bebida y de las drogas, especialmente cuando son poco experimentados. En este nuevo grupo y mientras están bajo la influencia de estos estimulantes, es posible que crean que hay una comunicación muy abierta, lo que con frecuencia confunden con una verdadera intimidad. Sus defensas están bajas y disfrutan mucho porque pueden compartir su "verdadero yo", mientras los otros hacen lo mismo. En cierto sentido, se están escapando por un momento de su propia identidad y están abriéndole paso a otra. El problema es que, si bien la cercanía puede ser real, los medios que conducen a ella son artificiales (lo que, evidentemente, es algo que los padres saben, pero que la mayoría de los adolescentes son incapaces de comprender). Todavía no han desarrollado suficientemente sus habilidades ni han enfrentado esa soledad fundamental que conduce a la verdadera intimidad. Todavía no se la han ganado, por el contrario, han construido artificialmente el puente, lo que en demasiados casos los lleva a depender de los medios artificiales. O, como nos lo recuerdan los veteranos de los años sesenta:

¡Cuando consumía drogas vi a Dios!
¿Y qué te dijo?
No consumas drogas.

Al lograr una parcial definición de sí mismos, bajo la influencia del alcohol y de las drogas, los adolescentes también se distancian de sus padres, puesto que son muy pocos los padres que aprueban que sus hijos beban o consuman drogas. En este sentido, la decisión de enfrentar las normas establecidas por sus padres significa un fortalecimiento de su independencia y de su autonomía. Sienten que manejan su vida. Hemos visto que es fundamental afirmar la independencia y desarrollar una identidad personal estable para hacer la transición hacia el mundo adulto. Sin embargo, si el alcohol y las drogas se convierten en el eje central, hay razón para preocuparse de verdad; además, están los posibles riesgos en términos de salud y de seguridad personal.

Para muchos adolescentes las bebidas alcohólicas y las drogas son escapes, a través de los cuales se busca ocultar o no hacer conciencia de ciertos temas relacionados con el desarrollo y con conflictos personales que sólo pueden resolverse si se enfrentan conscientemente. Los chicos dejan estos conflictos relegados en el ámbito del inconsciente y simplemente los "representan" día a día, sin ser capaces de enfrentarlos. Desafortunadamente, todos hemos visto a algunos adultos atrapados en este patrón cuando se exceden en la bebida o en el consumo de las drogas. Dichas personas suelen mostrar cambios de personalidad muy significativos mientras están bajo su influencia. Algunos se deprimen, otros se vuelven exageradamente extrovertidos, otros se vuelven agresivos. El consumo exagerado de alcohol o de drogas relaja el estrés interno y la presión que ejercen los conflictos inconscientes sin que la verdadera fuente del estrés se enfrente nunca. El siguiente es un ejemplo de un caso extremo:

> Empecé a "drogarme" casi todos los días, justo cuando las peleas entre mis padres se hicieron más frecuentes [con el tiempo llegaron a divorciarse]. La vida en mi casa era realmente una locura, por tanto, todos los días después de llegar del colegio me iba a mi habitación y me drogaba. En algunas ocasiones hasta lo hacía por las mañanas, cuando iba caminando hacia el colegio. Era una locura, pero solo así pude enfrentar la situación.

Y ahora, un caso menos extremo:

> Pues sí, salgo mucho los fines de semana, lo que no es gran cosa. Es decir, es la oportunidad que tengo para relajarme y pasarla bien. El resto del tiempo estoy sometido a mucha presión, debo sacar buenas notas, tener éxito, practicar mucho deporte y ser buena persona. Estas salidas de fin de semana constituyen mi tiempo, me puedo olvidar de todas las expectativas, las metas y los senti-

mientos de culpa; todo lo que tengo que hacer es dejar que el tiempo pase.

Es posible que usted crea que es terrible que los chicos experimenten con la bebida y con las drogas. Sin embargo, en la vida real no todo es "blanco y negro". Muchos adolescentes pueden experimentar con drogas y alcohol sin caer en la adicción y sin que esto necesariamente interfiera en su capacidad para crecer y madurar. Una investigación realizada hace poco tiempo por Jonathan Shedler y Jack Block[1] mostró que los adolescentes que experimentaron con cierta moderación el consumo de drogas (no más de una vez al mes y por lo general solamente marihuana) eran más saludables psicológicamente que los que abusaban del consumo (más de una vez al mes) y que aquéllos que se abstuvieron totalmente. Esto no quiere decir que sería bueno que todos experimentaran, ni se recomienda que lo hagan, simplemente plantea que el abuso en el consumo de la droga es un síntoma de problemas más profundos (o, como lo veremos más adelante, con frecuencia es el resultado de una predisposición biológica o genética). En este estudio se hizo el seguimiento de 101 chicos y chicas durante quince años, y se determinó que los que fueron más saludables psicológicamente cuando niños eran los mismos que experimentaron moderadamente el consumo de drogas cuando adolescentes. Esto, en mi opinión, ubica el tema de la experimentación con drogas en un marco de referencia más claro. Si bien un consumo moderado no es necesariamente bueno, tampoco es el resultado de una profunda crisis psicológica. Por otra parte, hay razones para una gran preocupación cuando el consumo ya no es una mera experimentación. Aquí ya no se trata solamente de un problema en sí, sino que es posible que esta actitud obedezca a la existencia de problemas más profundos. Esta investigación muestra claramente que el consumo de alcohol o de drogas puede ser en sí mismo la señal de algo más profundo.

En síntesis, la aceptación inicial en un grupo social que viene emparejada con el consumo de alcohol o de drogas es provisional, como muchos adolescentes (y adultos) lo descubren cuando tratan de dejar la bebida o la droga y conservar el mismo grupo. Los adolescentes —y, repito, los adultos también— ansían tener discusiones profundas, pero no deberían estar bajo la presión de lograr la intimidad. Y cuando la dependencia del alcohol o de las drogas aumenta, la capacidad de lograr una amistad de fondo se atrofia. Diferenciarse de quienes lo rodean para ser auténticamente lo que uno es supone un proceso largo y a veces penoso; no hay ninguna fórmula mágica.

Antes de hablar sobre lo que pueden hacer los padres, echemos un vistazo a cierta información básica acerca de las bebidas alcohólicas y la variedad de drogas que se encuentran con facilidad. Estamos familiarizados con las bebidas alcohólicas, muchos de nosotros vamos a fiestas y reuniones en las que éstas se sirven regularmente. Todos hemos desarrollado nuestra propia relación con las bebidas alcohólicas y, posiblemente, hemos pasado por experiencias dolorosas. El alcohol hace parte del mundo de los adultos, y los adolescentes que beben están actuando prematuramente como adultos. Las drogas son un asunto un poco diferente. Son ilegales y son menos los adultos que han experimentado con ellas. Para muchos, constituyen un misterio aterrador. Un pequeño consejo a este respecto: si no conoce las diferencias entre distintos tipos de drogas (lo más posible es que no lo sepa, porque varían mucho y reaparecen por ciclos) es hora de educarse. Seguramente en las librerías encontrará libros sobre este tema. La actitud de pensar que todas las drogas están en el mismo plano no sólo es simplista, sino que puede cegarlo a ver la realidad. A continuación, encontrará una breve descripción de unas cuantas drogas que se pueden conseguir con relativa facilidad.[2] (Como las diferentes drogas y los estimulantes están cambiando continuamente, es posible que la información que se proporciona aquí no esté actualizada, pero puede servirle como orientación general.)

Marihuana (Cannabis): Planta que generalmente se utiliza para fumar. El ingrediente psicoactivo es el tetrahidrocannibol (THC), cuya concentración ha aumentado muchísimo desde los años sesenta; hoy es al menos de cinco a seis veces más potente. "La marihuana puede actuar como estimulante o como depresivo según la variedad que se utilice o la cantidad de químicos que absorba el cerebro, pero lo más corriente es que sirva de relajante, produzca sueño y modorra, además de inducir a una mayor introspección a quien la consume". Los efectos duran entre cuatro y seis horas y éstos empiezan a sentirse unos veinte minutos después de haberla consumido.

Cocaína: Procede de la planta de coca. La coca en polvo suele ser aspirada, tras lo cual llega al cerebro en unos tres o cuatro minutos. El efecto que le produce la cocaína al sujeto es muy placentero: "aumenta la confianza, da ánimos para trabajar (a veces sin parar), minimiza los problemas personales y produce una euforia instantánea". El cuerpo la metaboliza rápidamente, generalmente en un período de cuarenta minutos, por tanto sus efectos suelen tener poca duración. En el aspecto físico, produce un aumento considerable en la producción de epinefrina [adrenalina] que "aumenta la presión arterial y el ritmo cardíaco, produce respiración rápida, tensiona los músculos y exacerba los nervios".

Crack: Se deriva de la cocaína y se obtiene a través de manipulación química. Suele fumarse. Es más barato que la cocaína y produce los mismos efectos, pero su intensidad es mucho mayor y el cerebro lo absorbe con mayor rapidez, generalmente entre cinco y ocho segundos después de haberlo fumado.

Anfetaminas: Estimulantes que generalmente se ingieren por vía oral, pero también pueden ser aspirados, se pueden fumar o pueden ser inyectados. Las anfetaminas producen efectos similares a los de la cocaína, pero tienen una mayor duración y son más económicas. Vienen en presentaciones diferentes y con distintos grados de concentración.

LSD: Droga psicodélica que "puede producir cambios en el estado mental y efectos psicodélicos", esto depende generalmente de la dosis que se consuma, pero ésta no es muy conocida por el típico comprador callejero. El LSD afecta directamente el centro emocional del cerebro y predispone inmediatamente al consumidor a la euforia y/o al pánico. Por tanto, el estado mental y el escenario de la experiencia contribuyen sustancialmente a los efectos que produzca la droga. Los efectos perceptibles de la droga tienen una duración que va entre las ocho y las doce horas. Las dosis que generalmente se consumen hoy son más pequeñas que las que se solían utilizar en los años sesenta, por tanto, sus efectos son similares a los de las anfetaminas. Si un estudiante de secundaria está bajo los efectos de alguna droga durante las horas de colegio, quizá ésta sea la droga que ha elegido.

"Drogas de diseño" (MDA, MDMA, MDEA): Drogas sintéticas que generan sensación de euforia, intimidad y bienestar. Se derivan de la molécula de la anfetamina y, por lo tanto, producen efectos estimulantes. La duración de los efectos de cada una de ellas es diferente pero suele estar entre las ocho y las doce horas.

Heroína: Hace parte de la familia de las opiáceas y cuando se inyecta por vía intravenosa llega directamente a la corriente sanguínea y no demora sino entre quince y treinta segundos para producir efectos en el sistema nervioso. El consumidor experimenta una euforia intensa y extrema.

Bebidas alcohólicas: Es la droga psicoactiva más antigua que, utilizada con moderación, reduce las inhibiciones y baja las tensiones. "Cuando una persona consume mucho alcohol siente que la presión arterial baja, los reflejos motores son más lentos, la digestión se dificulta, pierde calor corporal y disminuye la excitación sexual". El contenido de alcohol de las diferentes bebidas varía dependiendo de la graduación alcohólica (100 % alcohol = 200 graduación). Por lo general, la cerveza tiene entre 4% y 8%, el vino 12% y los licores entre 40% y 43%.

Y bien, ¿por qué pasa la gente de un consumo ocasional a la adicción? La teoría más corriente incluye factores biológicos, psicológicos y sociológicos. Algunas de las estadísticas son aterradoras:[3]

- Si alguno de los padres es alcohólico o adicto, hay un 34% de probabilidad de que el chico sufra algún tipo de adicción.
- Si los dos padres son alcohólicos o adictos, la probabilidad de que el hijo sufra algún tipo de adicción es de 400%.
- En el caso de los hombres, cuando tanto el padre como el abuelo son alcohólicos o adictos hay un 900% de probabilidad de que el chico sufra algún tipo de adicción.

En experimentos de laboratorio, ha sido posible criar ratones totalmente "borrachos" o ratones totalmente "abstemios". Son ratones idénticos, exceptuando su relación con las bebidas. Además, cuando se obliga al abstemio a beber o se le generan situaciones de estrés exagerado (lo que lleva a la bebida) los investigadores han podido observar que la química cerebral del abstemio cambia hasta volverse igual a la del borracho. Por tanto, parece que el estrés y el consumo obligado pueden cambiar la química cerebral de una persona y hacer que una persona no alcohólica se alcoholice.

El diagrama que se muestra a continuación ilustra la ruta que recorre la adicción junto a la curva de compulsión de un individuo. Hay dos puntos importantes que deben ser tenidos en cuenta. Primero, la predisposición biológica determina la velocidad en que una persona puede moverse dentro de esta curva. Es decir, una persona con una sensibilidad muy desarrollada puede pasar del uso experimental al abuso después de varias exposiciones (cuando decimos abuso nos referimos al consumo continuo de drogas o de bebidas alcohólicas a pesar de tener conciencia de los efectos negativos que éstas le producen a la persona). Alguien que no tenga predisposición a la adicción puede pasar muchos años sin que tienda a llegar al abuso. Segundo, una vez que una persona llega al hábito ya no hay retorno posible; es necesario practicar la abstinencia para mantenerse sobrio. Antes de llegar a ello, es posible

Diagrama 2: Curva de compulsión

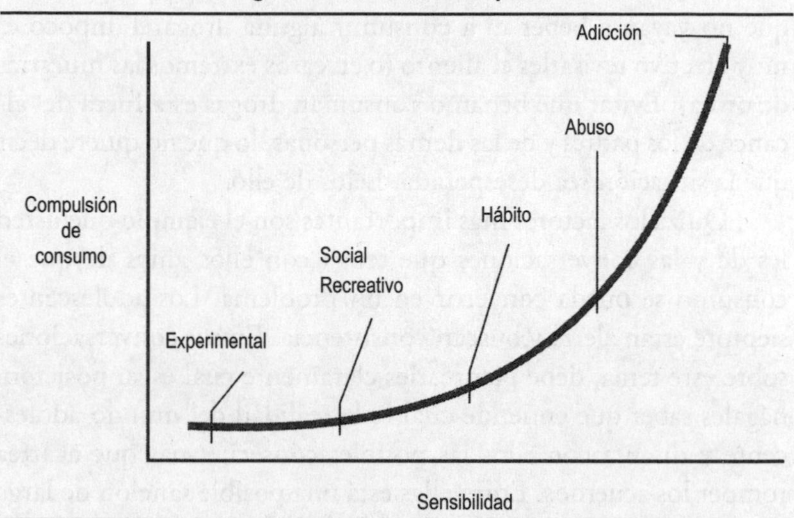

que una persona se mueva en el sentido contrario dentro de la curva, para llegar de nuevo al consumo social o experimental.

Ahora veamos quiénes están en riesgo de convertirse en alcohólicos o en adictos. Como afirma el doctor Inaba: "En contra de la creencia popular, no son exclusivamente los malos, los estúpidos, los amorales, ni los desadaptados. En realidad, suele ser todo lo contrario: la mayoría de los adictos y de los alcohólicos son personas educadas, inteligentes, preparadas y sensibles". Por ejemplo, los médicos son ocho veces más proclives a la adicción y seis veces más proclives a convertirse en alcohólicos que los miembros de la población corriente. Entre aquéllos con las tasas más altas de adicción y alcoholismo, muchos son también personas cuyo IQ es de 140. Este IQ, de por sí, constituye una recomendación personal para el examen de admisión en la universidad. Por tanto (lo que es dolorosamente irónico), los adolescentes brillantes, motivados y ambiciosos en realidad hacen parte de la categoría de alto riesgo. Por último, recuerde que lo que acabamos de decir es simplemente una información a grandes rasgos en lo relacionado con las bebidas alcohólicas, las drogas y las teorías acerca de la adicción.

Volvamos a los padres y a lo que ellos pueden hacer. La respuesta es: mucho y, a la vez, poco. Aparte de mantener a sus hijos encerrados en casa todas las noches, no hay nada que garantice que no vayan a beber ni a consumir alguna droga. Tampoco es muy efectivo revisarles el aliento (o en casos extremos las muestras de orina). Evitar que beban o consuman drogas está fuera del alcance de los padres y de las demás personas, lo que no quiere decir que la situación sea desesperada. Lejos de ello.

Quizá los factores más importantes son el ejemplo que usted les dé y las conversaciones que tenga con ellos antes de que el consumo se pueda convertir en un problema. Los adolescentes siempre están alerta y buscan consistencia. En sus conversaciones sobre este tema, debe plantearles claramente cuál es su posición, hágales saber que entiende cuál es la realidad del mundo adolescente y discuta con ellos las posibles consecuencias que acarrea romper los acuerdos. Entre ellas está una posible sanción de larga duración, restricciones para el uso del automóvil y una exigencia de llegar a casa más temprano. De nuevo, deje que las consecuencias hablen por sí mismas, para que el consumo de bebidas alcohólicas y de drogas no se convierta más tarde en un campo de batalla. Después de esto, espere a ver si su hijo adolescente hace algo indebido y, por lo menos, no se sorprenda si lo hace. Ahora viene la parte complicada: usted debe demostrar que ha notado que el chico no ha cumplido con su compromiso, sin necesidad de convertirse en su adversario y sin exagerar las sospechas. Ésta es la estructura que usted ha establecido y que le permite al chico experimentar, en caso de que decida hacerlo. Si lo hace, entonces tratará de ubicar su comportamiento dentro de esta estructura y se cuidará de ser descubierto. Esto reduce enormemente el riesgo de sufrir accidentes catastróficos y de caer en hábitos destructivos. Sea cauteloso cuando el chico afirme que es la primera vez que experimenta, proporciónele el tiempo suficiente y sospeche cuando trate de repetir la misma historia. Aunque le cueste creerlo, un chico suficientemente consciente y cuidadoso suele conocer las estrategias que lo protejen de ser descubierto. Por tanto, si usted lo descubre, quiere decir que se está descuidando, lo que es una mala señal. Pero si usted no se da por aludido, lo que está haciendo es relajar los límites establecidos y proporcionarle la posibilidad de perder el control, lo que puede conducir a serios problemas.

> Cuando empecé a salir en las noches, era muy cuidadosa para que no me pillaran. Siempre me retiraba de las fiestas un par de horas antes de regresar a casa, comía algo bastante condimentado e incluso me cambiaba la ropa si había fumado mucho. Era toda una complicación, pero al menos estaba segura de que no me descubrirían. Pero después de cierto tiempo me di cuenta de que mis padres no tenían ni la menor sospecha. Llegué al punto de preguntarme qué pasaría si me agarraban. Recuerdo un día en el que terminé de beber una cerveza justo antes de entrar a casa. ¡Incluso le di las buenas noches a mi papá! En otra ocasión, estaba tan mareada que apenas pude llegar al sofá y pasé allí la noche. En la mañana, ellos [mis padres] me preguntaron por qué había dormido allí y les dije que como no estaba cansada había decidido ver televisión y me había quedado dormida. Me creyeron inmediatamente, aunque el televisor estaba lejos y yo estaba mirando en otra dirección.

> O,

> Juro que mi papá tiene nariz de sabueso. Detecta cuándo he tomado apenas unos cuantos sorbos de cerveza o cuándo me he fumado un cigarrillo, aunque esté a un metro de distancia. Como tengo que despertar a mis padres cuando llego a casa para darles las buenas noches, no hay forma de ocultarles nada. No vale la pena mentir, por tanto, suelo enfrentar las cosas como son y sufrir las consecuencias. Al menos todas las cartas están sobre la mesa.

Ahora, ¿cómo manejar la situación con las fiestas? Plantee claramente cuáles son sus expectativas y actúe en concordancia. Por ejemplo, si la regla es "no ir a ninguna fiesta en donde no haya personas mayores", exija que su hijo le dé la dirección y el teléfono de la casa en la que se van a reunir; y haga siempre lo mismo. (Espere a ver si él lo pone a prueba, y si olvida hacerlo alguna vez, seguramente se mostrará sorprendido e indignado cuando vuelva a pedirle la misma información.) Lo que debe hacer, entonces, es sobreponerse a su timidez e incomodidad y llamar al teléfono que el chico le dé, si éste era el acuerdo. De lo contrario, usted mismo estará abriendo el espacio para que le mienta en una ocasión futura. Si usted espera que sus reglas sean respetadas, es muy importante que las ponga en práctica.

> Parte del problema es que es muy, muy fácil mentirles a mis padres. Demasiado fácil. Me han puesto tantas normas y hemos llegado a tantos acuerdos que nunca hacen efectivos, que lo único que tengo que hacer es decirles lo que quieren oír acerca de mis actividades.

También puede suceder que usted sea él único padre que telefonea a los padres de las casas en las que se hacen las fiestas; y éstos, obviamente, ¡se sentirán muy felices si habían pensado salir de casa esa noche! Esto nos lleva a un tema muy importante en lo relacionado con la educación de los adolescentes. Los estudiantes de secundaria por lo general hacen parte de una comunidad muy cerrada. La mayoría se han conocido siempre en su colegio. Saben muy bien cuáles son las normas culturales de su entorno. Por otra parte, la mayoría de los padres tienen un contacto mínimo con esta cultura escolar de sus hijos y tienden a confiar en comentarios exteriores a ella hechos por sus hijos, sus amigos o los medios de comunicación. Ninguna de esas fuentes es totalmente confiable. Los padres, con frecuencia, se mantienen en una relativa ignorancia acerca de la vida de sus hijos y, francamente, la mayoría de los chicos gozan con este estado de cosas. Por tanto, si quiere estar informado, tiene que buscar cómo hacerlo. No tema llamar al padre responsable de cualquier fiesta a la que vaya a ir su hijo. Asista a los eventos de la escuela, aunque sea sólo para conocer a los otros padres. Siempre y cuando su presencia no sea demasiado llamativa, su hijo puede actuar de una manera y sentir algo distinto en silencio.

> Me solía dar mucha vergüenza que mi padre fuera a todos los partidos de fútbol en los que yo jugaba. Siempre estaba allí de principio a fin; siempre me deseaba suerte cuando iba a empezar y siempre decía "buen partido" al terminar. Era una especie de tortura, aunque también resultaba bonito. Pero este año no fue a un partido. Para mi sorpresa, lo extrañé. Cuando llegué a casa le pregunté qué había hecho ese día y me respondió que había olvidado el partido. ¡No lo podía creer! En realidad me puse furioso, aunque no le dije nada.

Volvamos a las fiestas. Como en otras áreas de la relación padres-adolescentes, una perspectiva útil desde la cual se pueden elaborar normas es el futuro. Piense en qué pasará cuando su hijo se vaya de casa o entre a la universidad. Llegará el momento en el que esté totalmente por su cuenta sin tener más normas, ni orientaciones, que las que impone la ley y la experiencia que haya adquirido dentro de la estructura familiar cuando asistía a la secundaria. Entonces, cuando salga de casa, ¿qué conjunto de experiencias y decisiones tienen que hacer parte de su vida para que pueda manejar su libertad?

> Hablamos con Karen con frecuencia en los últimos años de secundaria acerca de las normas para las salidas de fines de semana. Básicamente, nuestro sistema consistió en ir proporcionándole cada vez más libertad y responsabilidades a partir de las negociaciones que hacíamos según su comportamiento. Todo empezó en octavo, cuando no le dábamos permiso de ir a ninguna fiesta en la que no hubiera algún adulto responsable, hasta el segundo semestre de su último año en el que podía tomar todas sus decisiones acerca de adónde ir y a qué horas regresar a casa. En general, las cosas funcionaron bastante bien. Claro que hubo uno que otro momento difícil, pero, para nuestra sorpresa, no se presentó ningún problema cuando estaba terminando su último año, precisamente cuando creíamos que todo iba a ser más difícil. De hecho,

para entonces, ella era mucho más comunicativa con nosotros.

Esté dispuesto también a ser "el chivo expiatorio" con cierta frecuencia. Aunque sea necesario ser un poco flexible con la verdad, es posible proporcionar el espacio para que su hijo adolescente pueda decir que no con cierta dignidad.

Me había emborrachado unas pocas veces en las fiestas con mis amigos, pero en realidad no me gustaba mucho eso. Pero también quería ser aceptado. Llegó una noche en la que ya no me pude aguantar más, entonces le confesé todo a mi papá. Después de superar la sorpresa inicial, sonrió para sí mismo y me preguntó si necesitaba ayuda. Un par de semanas después fui a una fiesta y bebí un par de cervezas (como lo habíamos planeado mi papá y yo). Cuando mis amigos llegaron a dejarme en casa, papá estaba esperándome. Claro está, todos sabían que yo estaba en problemas. Como lo habíamos acordado, me gritó un poco (lo suficientemente duro como para que pudieran oírme) y me "sancionaron" durante una semana. Por supuesto, me quejé muchísimo con mis amigos, pero de ese momento en adelante todos comprendieron que yo no quería beber más.

Por último, la salud y la seguridad ocupan el primer lugar. No importa cuán malas hayan sido las decisiones tomadas hasta el momento, qué reglas se hayan violado o cuántas mentiras se hayan dicho, los adolescentes deben tener metida hasta la médula de sus huesos la idea de que su seguridad está por encima de cualquier otra preocupación.

Cuando estábamos empezando la secundaria, mis padres se sentaron conmigo para "conversar sobre las bebidas alcohólicas". No hubo nada muy especial, exceptuando el final. Mi padre inclinó su cabeza hacia delante y me dijo: "Ahora bien, no importa qué suceda, lo que tienes

> que comprender es que tu seguridad es más importante para nosotros que cualquiera de estas reglas. Así, en el caso poco probable pero posible de que estés en una situación en la que no te sientas capaz de conducir para regresar a casa —porque has estado bebiendo, porque el que conduce ha estado bebiendo, o cualquier otra cosa que se presente— tienes que prometernos que nos llamarás, no importa qué hora sea, de día o de noche. Iremos a buscarte, no haremos preguntas y tampoco se lo contaremos a tus amigos. Al otro día podremos hablar contigo, pero comprende que si eres capaz de demostrarnos ese nivel de responsabilidad, las consecuencias van a ser mínimas. De todo lo que hemos hablado esta noche, este punto es el más importante. ¿Comprendes?" Desde entonces he tenido que llamarlos unas pocas veces y todas ellas las cosas han funcionado bastante bien.

Cuando aborde con su hijo adolescente este tema (y el de la licencia de conducir), sería buena idea hablar del papel del conductor "elegido". Afortunadamente, cada día que pasa hay más adolescentes que se toman en serio este papel. También es una buena excusa para que los adolescentes hagan parte del grupo sin tener que beber o consumir drogas.

> Hay más adolescentes que asumen el papel del conductor elegido de lo que la mayoría de la gente piensa. Sé que muchos de mis amigos lo hacen. En la mayoría de las fiestas hay en realidad dos fiestas paralelas, en la más numerosa se toman bebidas alcohólicas y en la otra, que suele ser más pequeña, los conductores elegidos solamente beben soda.

Hace poco llamé a casa de una amiga que tiene una hija de diecisiete años. Claramente, la chica había interiorizado el mensaje relacionado con las bebidas alcohólicas y las drogas. Nadie estaba en casa y lo que escuché en el contestador fue:

> Hola, no hay nadie en casa, por favor deje el mensaje después del tono. Si eres tú, mami, estoy en casa de Teresa, o afuera fumando y bebiendo.

Estoy seguro de que ha notado que, al igual que en el capítulo anterior acerca de los límites y las estructuras, no existe un ideal, no hay un conjunto de reglas y directrices para el caso de la experimentación con las bebidas alcohólicas y con las drogas. Cada familia es un mundo diferente y debe encontrar las suyas propias. Lo que es fundamental es tener unas normas consistentes con el conjunto de normas y creencias familiares, y que todos cumplan con los acuerdos a los que lleguen. Así se desarrolla la confianza.

---

[1] Shedler, Jonathan y Block, Jack. "Adolescent Drug Use and Psychological Health: A Longitudinal Inquiry", Volumen 45, Número 5.

[2] Esta información se obtuvo en un libro que recomiendo sin ninguna reserva, escrito por Darryl S. Inaba, Pharm. D. y William E. Cohen, *Uppers, Downers and All Arounders.* Copyright 1993 por Inaba y Cohen. Utilizado con autorización.

[3] Estas estadísticas se tomaron de una conferencia que dictó el Dr. Darryl Inaba a los padres y a los profesores de una escuela universitaria en febrero de 1994.

CAPÍTULO 8

Exigencias académicas, calificaciones y motivación

¿Qué puedo hacer para que mis hijos conserven su motivación por la escuela y trabajen lo suficiente como para obtener buenas notas?

Primero, quisiera hacer unos comentarios generales acerca de las calificaciones. Para muchos padres y adolescentes, éstas son una fuente de conflicto que no carece de importancia, pues las notas tienen muchos significados en la vida de un adolescente típico.

Melinda, estudiante de secundaria, es un buen ejemplo de lo complicado que puede llegar a ser el hecho de que su padre le pregunte cómo le fue en el examen de historia. Por ahora, supongamos que le está yendo muy bien. Cuando su padre plantea la pregunta, todas estas ideas pasan por su cabeza con una velocidad tal que incluso a ella le cuesta darles forma.

- Bien, se acordó. ¡Qué tipazo es papá!
- Qué bueno que me preguntó, porque ahora le puedo decir cómo voy y quizá me dé un poco más de aire y me suba la mesada. Pero apenas le diga cómo me fue, me tocará sufrir el besote de siempre y él "¡Te lo dije, lo sabía!" Seguro que piensa que fue porque él me dijo que no hablara mucho

por teléfono anoche, aunque ésta no fue la razón (tampoco puedo confesarle que me llevé el inalámbrico a escondidas al baño... ¡y hablé dos horas más!).

- Si le respondo ahora, va a estar esperando que le conteste siempre; entonces, ¿qué haré cuando me vaya mal y no le quiera contar? De pronto es mejor que me quede callada.
- Mira tú, se acuerda del examen de historia, pero siempre se olvida de ir a buscarme a tiempo después del entrenamiento.
- ¿Examen de historia? ¿Qué examen de historia? ¡Fue hoy! Parecería que fue hace un siglo, con todo lo que pasó hoy, ¿quién quiere hablar de exámenes de historia?
- ¿No puede confiar en mí ni un poquito? ¿Por qué tiene que andar preguntando todo el tiempo?

Sin importar cuántas ideas se vengan a la mente de Melinda en este momento, lo más posible es que la respuesta sea siempre casi monosilábica: "Creo que bien. ¿Qué hay de comida hoy?" Cualquier otra respuesta desde el punto de vista de Melinda es demasiado complicada y puede llevarla a conversaciones engorrosas.

Desafortunadamente, en el sistema educativo todavía las notas son el indicador del éxito del estudiante. La mayoría de los chicos estudian ante todo para obtener buenas notas; el conocimiento y la educación suelen estar relegados a un segundo plano. Esto hace que las cosas no estén donde deberían estar. Las notas reflejan solamente uno de los aspectos del desarrollo intelectual del estudiante y, en una proporción mucho más pequeña, su desarrollo y crecimiento personal. Los chicos deben ir a la escuela para aprender, no sólo para obtener notas, y los padres juegan un papel fundamental en este sentido. A la larga, los padres pagarán costos muy altos si su interés principal en lo relacionado con los estudios de sus hijos se centra en las notas. ¿Qué alternativas hay?

Cuando la mayoría de los padres le preguntan a su hijo adolescente cómo van las cosas en geometría, la pregunta en realidad es ¿qué nota llevas? (Al menos así lo sienten ellos, sin importar cuál sea la intención de sus padres.) Y cuando uno de los padres le pregunta al hijo o a la hija cómo le fue en el examen de historia, en realidad le está preguntado ¿cuánto sacaste o crees que sacarás? (De nuevo, así lo sienten los chicos.) Desde la perspectiva de los padres, ellos plantean estas preguntas porque, primero, crecieron dentro de este sistema y lo entienden y, segundo, preguntarles por las notas es quizá la única manera que tienen para mostrar su interés y tratar de seguir su progreso. Pero si en realidad quiere inculcarle el gusto por el aprendizaje y por la educación a su hijo, usted puede pensar en otro tipo de preguntas como:

- Preguntarle qué le interesa y qué le parece aburrido en su clase de historia.
- Preguntarle si en matemáticas les han planteado problemas realmente complejos y difíciles últimamente, y si se ha sorprendido al poderlos resolver.
- Preguntarle cómo logró tener la paciencia suficiente para buscar la solución de cierto problema en lugar de dejarlo de lado.
- Preguntarle cuáles son las inquietudes que le ha suscitado la lectura de *Jane Eyre* y si las ha planteado en su clase de inglés.
- Preguntarle de dónde provienen las ideas que tiene para pintar.
- Preguntarle si el examen de historia estaba bien planteado, si le ayudó a entender mejor lo que estaba estudiando o si fue un mero y superficial control de lectura.

Con estas preguntas, usted está tratando de seguir el proceso de aprendizaje —el proceso real del aprendizaje, con todos sus matices y sutilezas— sin centrarse nunca en el problema de las notas. Este tipo de preguntas es el único que tiene sentido si lo que usted busca es orientar a su hijo. Cuando se despierta en los chicos la curiosidad y el interés por el aprendizaje, casi todo lo demás encuentra su lugar, incluso la motivación y las calificaciones. Sin embargo, si lo que a usted le interesa son las notas, entonces, sin darse cuenta, estará fomentando un comportamiento indeseable que puede incluso inducirlo a hacer trampa. Cuando se pone demasiado énfasis en las notas, para los adolescentes resulta atractivo buscarse la manera de hacer trampa, es decir, "tratar de obtener las mejores notas posibles".

Trate de recordar alguna experiencia académica positiva que haya vivido. ¿Qué es lo primero que le viene a la mente: la nota o algo del proceso que vivió? Después de presentar una disertación que le gustó mucho al comité evaluador, lo que más me satisface es haber podido trabajar en serio y lograr hacer lo que quería, a pesar de haber tenido que pasar por momentos en los que creía estar en un callejón sin salida. La nota que me dieron no habría servido en ningún momento como guía para aclararme que este proceso había cambiado tanto mi modo de pensar y mis perspectivas en relación con el tema como a mí mismo. Pero hay muy pocas personas que saben plantear preguntas en relación con esto. No se desanime, más bien aprenda y practique con su hijo adolescente. Es posible que al principio se confunda un poco, pero rápidamente captará las cosas. Además, es posible que con el tiempo llegue a disfrutarlo. Por otra parte, con este tipo de diálogo, los adolescentes no se sienten sometidos a un juicio inmediato, como sí lo sienten cuando las preguntas tienen que ver exclusivamente con las notas.

Por último, la mayor influencia que puede ejercer sobre su hijo adolescente para apoyarlo en su proceso es ser consecuente y hacer lo que predica. Disponga de un tiempo dentro de la vida familiar para estudiar y leer. Mientras los chicos hacen sus tareas, los padres pueden leer o trabajar en silencio. Es cierto, la mayoría de los padres dicen que como han trabajado todo el día, tienen necesidad de descansar en casa, pero los chicos también han trabajado todo el día. Si lo que usted hace es sentarse frente al televisor y ordenarle a su hijo que estudie, el mensaje que le está enviando es ambivalente: "Digo que el aprendizaje es importante, pero yo no actúo en consecuencia". (En el Capítulo 11 encontrará más información al respecto.)

Pregunta: ¿Qué puedo hacer para ayudarle a mi hijo adolescente para que obtenga mejores notas?

En mi opinion, éste sería un caso en el que se puede aplicar el sistema de consecuencias lógicas para el trabajo (cualquier otra cosa sería, al menos, poco eficiente e incómoda). Si lo que hace es repetirle incesantemente a su hijo que debe hacer sus tareas, no está haciendo nada envidiable, y lo peor es que casi nunca funciona. He tenido la siguiente conversación una y otra vez con adolescentes (y su éxito como estudiantes es una variable irrelevante):

> Yo: Dime, ¿qué es lo que pasa cuando te sientas a hacer tus tareas?
>
> Estudiante: Bueno, después de hablar con un par de amigos por teléfono y de tratar de posponerlo durante un buen rato, por fin me siento y empiezo a trabajar. Por lo general, puedo concentrarme y logro adelantar mucho si me dejan tranquilo. Pero esto casi nunca sucede. Mi hermano siempre quiere mostrarme algo, o la televisión está prendida a todo volumen, lo que suele atraer mi atención. Pero estas cosas no son graves, es decir, casi siempre logro volver a trabajar.
>
> Yo: Entonces, ¿cuál es el problema?
>
> Estudiante: El problema es cuando a mis padres les da por verificar qué estoy haciendo y por tratarme como a un niño. A veces estoy leyendo o haciendo algo y mi madre asoma la cabeza, ¡sin tocar en la puerta siquiera!, y me dice: "Simplemente quería saber si todavía estás trabajando". Cuando vuelve a cerrar la puerta, ya estoy fuera de órbita. Es decir, ¿qué soy? ¿un bebé de diez años o algo así? Entonces tiro los libros y, por lo general, no los vuelvo a abrir esa misma noche.
>
> Yo: ¿Has hablado con ella acerca de esto?
>
> Estudiante: Lo he intentado, entonces trata de hacer lo mismo pero menos abiertamente.
>
> Yo: ¿Cómo así? Explícate.
>
> Estudiante: Pues en lugar de preguntarme directamente

si estoy trabajando, se busca alguna excusa para hablar conmigo: "¿Hay platos sucios en tu cuarto?" o "¿Quieres que te despierte mañana por la mañana?", mientras tanto mira con atención qué libros tengo sobre el escritorio. ¡Es bastante obvia!

Yo: ¿No crees que ella te hace esas preguntas sinceramente?

Estudiante: Es posible, pero lo que me molesta es la forma en que lo hace. De verdad, es muy evidente.

El trabajo de su hijo adolescente es básicamente su estudio, un trabajo con expectativas y parámetros claros. Sostenga esta charla con su hijo cuando esté en noveno o décimo grado. Ponga de relieve los temas que son realmente importantes para usted y déjele plantear qué modificaciones considera necesarias. Luego pregúntele qué papel quiere asumir y esté dispuesto a que le responda algo como: "¿Qué quieres decir?" Tenga unas respuestas más o menos preparadas, en las que dé espacio a su creatividad: "Bueno, podríamos ponernos de acuerdo en definir unas horas para hacer las tareas, así nosotros podremos recordártelas en caso de que te olvides y también podremos pensar cómo evitar que te distraigas. Quizá también podríamos revisar contigo cuáles son tus tareas y verificar cómo vas. Quizá también...". Es posible que usted quiera que el chico asuma total responsabilidad y solicite su apoyo cuando sea necesario, aunque hayan establecido los tiempos para las revisiones (una vez por semana o cada dos semanas). Establezca formas de apoyo que le permitan a usted participar de modo que su hijo se sienta realmente apoyado. Claro que es más fácil decirlo que hacerlo, pero se puede lograr con paciencia y constancia, tal como lo aprendí yo en un contexto diferente hace unos pocos años.

Mi esposa estaba terminando su tesis en la maestría de Arquitectura, y yo, sin quererlo, me volví una especie de pesadilla para ella. Como quería apoyarla, le preguntaba todos los días cómo iba con su trabajo. ¿Qué había logrado hoy? ¿Quería leerme algo para que le diera mi opinión? Pues bien, mis preguntas casi nunca tenían la recepción que yo esperaba. Casi siempre cortaba el tema abruptamente y me dejaba un poco perplejo. ¿Por qué rechazaba mi apoyo y mi ayuda? Al fin me dijo que en realidad prefería que no le hiciera ninguna pregunta. Yo no podía soportar la idea de permanecer indiferente y pasivo, pero ella tampoco resistía mi intervención constante. Finalmente, un día se le ocurrió la solución perfecta, me dijo: "Michael, sé que me quieres y que tu intención es ayudarme, pero tu preguntadera me distrae y me fastidia. Tampoco quiero dejarte a un lado. Creo que cuando sientas el impulso de ayudarme, lo mejor es que me digas: '¡Trabaja mucho y bien!' Sólo eso. Todo lo que necesito es tu confianza y apoyo silencioso". Funcionó a la perfección. Había algo que yo podía hacer y ella se sentía apoyada.

Dentro del mismo esquema, una madre me contó un día lo siguiente:

> Hace poco nos dimos cuenta de lo mucho que fastidiábamos a nuestra hija con el tema de las tareas. Claro que no hacer nada también nos parecía horrible, así que un día decidimos hablar con Karen sobre nuestro dilema. Queríamos que ella nos ayudara a encontrar una solución. Después de unos pocos minutos (cuando estuvo segura de que estábamos planteando las cosas honestamente y de lo mucho que se podría beneficiar ella), tuvo una idea maravillosa. Hacia las 9:30 p.m, uno de los dos tocaría a su puerta para pedir las "instrucciones" del momento. Entonces, le prepararíamos el té que eligiera para llevárselo al cuarto, junto con un té para nosotros, y nos tomaríamos un rato de descanso para charlar, a veces el tema podía estar relacionado con las tareas y otras no. Ella sería la encargada de dar el tono a la conversación. Tras unos diez minutos, retomaríamos nuestras actividades después de darle el beso de buenas noches y de darle ánimos para seguir trabajando. Obviamente, el plan era flexible. Si de repente sus notas caían en picada, lo tomaríamos como una señal que nos enviaba para participar

> en sus preocupaciones académicas, a lo que ella respondería de modo positivo. Bueno, esto fue hace dos meses y no hemos tenido que molestarla ni una sola vez. Y lo que es más importante aun, sentimos que somos buenos padres. De hecho, tanto mi esposo como yo, todas las noches, esperamos con gusto la hora del té.

Una estrategia que algunos padres utilizan para motivar a los hijos es una especie de chantaje anticuado pero positivo. Es decir, ofrecerles dinero o regalos para premiar las notas. Los chantajes casi nunca funcionan, principalmente porque los adolescentes no interiorizan los sentimientos positivos resultantes del trabajo en serio, y la recompensa material suele nublar estos sentimientos. Hay una sola ocasión en la que pude verificar que esta actitud tuvo resultados positivos, quizá porque fue utilizada una sola vez.

> Nos tenía muy preocupados el desempeño académico de Sheila en los primeros años de secundaria, entonces, antes de que entrara a décimo, hicimos algo que nunca hubiéramos imaginado que haríamos. ¡La chantajeamos! Pero lo hicimos teniendo en mente una meta a largo plazo. Antes de iniciar el primer semestre tuvimos una larga charla con ella, en la que le manifestamos lo decepcionados que estábamos por su bajo rendimiento. Teníamos la sensación de que no le importaba aprender y, lo que era más grave, en realidad parecía como si le diera miedo comprometerse de verdad. Era como si temiera no ser lo suficientemente inteligente, por tanto, creíamos que le resultaba más fácil que la consideráramos una perezosa. Finalmente llegamos a un acuerdo y entre todos definimos cuál sería el premio (todavía me da vergüenza reconocer lo que fue). La motivación (el chantaje) fue lo suficientemente grande como para que ella superara sus dudas y temores y se entregara ciento por ciento al trabajo académico. Así que definimos las metas y nos marginamos del proceso. Ella sabía que se trataba de una ocasión única y que lo estábamos haciendo para que pudiera ex-

perimentar la satisfacción que produce comprometerse en serio.

Pues bien, las cosas funcionaron. Obtuvo unas notas maravillosas (junto con el premio que le habíamos prometido) y logró superar sus temores. De hecho, a partir de entonces mantuvo su rendimiento académico. Hubo un momento en el que nos agradeció y nos confesó que a la larga era mucho más divertido y satisfactorio tener buenos resultados que fallar.

Esto pone de relieve otro aspecto importante: la experiencia de comprometerse al ciento por ciento. Con todo lo que está sucediendo en el mundo adolescente, es muy fácil para los chicos tenerle miedo a un esfuerzo total. Como padre, usted debe animar a su hijo adolescente a encontrar un lugar en el que pueda entregarse totalmente (el trabajo académico, los deportes, la música, las artes), sin que los resultados sean lo más importante. Para los adolescentes es esencial experimentar que el éxito no siempre tiene que ver con el talento personal, y que a veces es más importante la constancia. O como lo manifestó Albert Einstein en una ocasión: "El genio es 1% inspiración y 99% transpiración". Esta experiencia del logro a partir del esfuerzo se convierte en un punto de referencia clave en el proceso de crecimiento y maduración, y si se le proporciona el estímulo adecuado, esta experiencia se extenderá a otros aspectos de la vida del adolescente.

En una ocasión hablé con una chica de noveno grado acerca de su rendimiento académico, que cada día era peor. Estaba muy preocupada, pero no parecía motivada a cambiar nada. Tenía una actitud muy pasiva. Afortunadamente, me acordé de que era muy buena para el básquetbol; entonces decidí preguntarle cómo se preparaba para los torneos importantes. Se entusiasmó de inmediato, demostró una gran pasión y su pasividad desapareció por completo. Después de un rato le dije que veía que ella en realidad jugaba para ganar. Aceptó mi comentario sin vacilación. Entonces añadí: "Es un poco

> extraño verte jugar el juego académico con tanta pasividad, es como si jugaras para no perder en lugar de jugar para ganar". La expresión de su rostro sufrió una serie de transformaciones momentáneas: de la seguridad a la confusión y de ésta a la convicción. Un esfuerzo del ciento por ciento para el trabajo académico estaba ahora dentro de un marco de referencia que ella comprendía. Como podrán imaginar, la conversación sufrió un viraje total y, sin mayor sorpresa para ninguno de los dos, su relación con la academia dio un vuelco importante en los meses siguientes.

Sea lo que sea, el objetivo final en lo relacionado con el trabajo escolar es bastante sencillo. Tenga presente que cuando los padres se preocupan demasiado, no les dejan el espacio suficiente a los adolescentes para que ellos se preocupen. De lo que se trata es de dejarle una cantidad razonable de preocupación al adolescente para que pueda empezar a asumir sus responsabilidades. Y es de vital importancia encontrar un ritmo apropiado en el ir y venir de las preocupaciones y las responsabilidades, con el fin de que las cosas funcionen para todos. Cuando se va demasiado rápido, el adolescente puede sentirse abrumado. Cuando se va demasiado despacio, quizá se sienta un poco abandonado.

Por último, la relación que su hijo adolescente vaya estableciendo con las notas le sirve a usted de medida para comprender su mundo. Cualquier cambio dramático en sus calificaciones puede reflejar otros cambios en su vida. Un estrés exagerado y mucha ansiedad en otras áreas quizá se reflejen en sus notas.

> Cuando mis padres estaban en el proceso del divorcio (y todavía un año después de éste), tuve muchas dificultades para concentrarme en el estudio. Andaba bastante confundida y no lograba concentrarme sino unos cuantos minutos, porque siempre estaba pensando en otra cosa. Fue horrible. Recuerdo haber pasado horas ante el mismo párrafo sin entender ni una sola palabra de lo que leía. Tampoco estaba pensando en nada concreto. Sim-

plemente era como andar por las nubes. Era como si mi capacidad de concentración se hubiera emborrachado.

Para responder a este fenómeno, un estudiante y yo formulamos lo que llamamos la "técnica antipreocupación". Muchos estudiantes afirman que les ha sido de gran ayuda.

Técnica antipreocupación

1. Cuando te sientes a estudiar, pon unas cuantas hojas de papel en blanco en el extremo superior derecho de tu escritorio.
2. Empieza a estudiar. Cada vez que una preocupación, una inquietud o un pensamiento vago se interpongan en tu camino, toma una hoja de papel y trata de escribir con la mayor precisión posible (cuatro o cinco palabras) cuál es tu preocupación. Luego voltea la hoja boca abajo y ubícala en el extremo superior izquierdo de tu escritorio. Sigue estudiando.
3. Cuando vuelvas a empezar a divagar, repite el paso 2 y retoma el estudio.
4. Termina de estudiar más o menos media hora antes de lo acostumbrado. Quita de tu escritorio los libros y las hojas de papel en blanco.
5. Toma las hojas en las que escribiste algo y échales una ojeada. Escoge una y piensa durante un rato en lo que escribiste. Cuando creas que es suficiente, toma otra. Revísalas todas y dedica media hora a pensar en tus preocupaciones, no tienes que seguir ningún orden específico.
6. Ahora dedícate a hacer algo agradable durante un rato.

Se trata de una técnica sencilla y que ha sido útil para los estudiantes en momentos de gran estrés. Es más fácil y más efectivo tratar de organizar las preocupaciones externamente, mientras no se ha adquirido la habilidad de hacerlo interiormente.

Por último, usted debe echar mano de la comprensión que

ha ido desarrollando del mundo de los adolescentes para ayudarles a enfrentar las distintas presiones a las que se ven sometidos. Trate de animarlos para que le permitan hacer parte de sus soluciones.

> El año pasado obtuve unas notas espantosas; eran tan malas que estuve a punto de ser expulsado. Parte del problema era que para mis amigos las cosas parecían facilitarse mucho, pero yo era el único que estaba reprobando. En todo caso, uno de mis problemas era que, si bien ellos trataban de apoyarme, nunca parecían entender cuando les decía que no iba a salir con ellos a hacer algún plan el fin de semana. Es decir, yo empezaba diciendo que "no", pero siempre terminaba saliendo con ellos. Creo que en realidad no era lo suficientemente firme. Las cosas llegaron a tal punto que un día el rector me dijo que si mis notas no mejoraban, era mejor que empezara a buscar otro colegio. Esa noche me desplomé y le confesé a mi madre el pavor que sentía. Entonces decidimos que de ese momento en adelante ella iba a jugar el rol de "mamá mala", al menos frente a mis amigos. Ese sábado, cuando me llamaron a invitarme, respondí que mamá no me dejaba salir (ella estaba junto a mí en ese momento). Cuando mi amigo empezó a insistir, mamá gritó bien fuerte que colgara el teléfono. Yo le grité a ella y así empezamos una discusión muy violenta (que, claro está, no era real), sin colgar el teléfono para que mi amigo nos escuchara. ¡Fue divertido, en realidad! Quizá no fue lo más honesto, pero funcionó.

Capítulo 9

Sexo y romance

Mi hija está saliendo con el mismo chico desde hace más de un mes. ¿Qué debo saber acerca de su vida sexual? ¿Hay algo que yo deba saber o hacer?

Abordemos primero el tema menos inquietante, puesto que, idealmente, el sexo surge dentro de una relación romántica. Primero, no hay nada que pueda equipararse al enamoramiento. Nada lo supera, ni se equipara en términos de emoción, energía y sentimientos positivos. Además, si esta relación significativa se da cuando el adolescente está en secundaria, es más emocionante para él o para ella porque suele ayudarle a resolver otros problemas de la adolescencia (ver Capítulo 2).

Las relaciones amorosas suelen ampliar el mundo social del adolescente (ahora está también el grupo de amigos del novio o de la novia), y se tiene un mejor amigo, lo que responde a las exigencias de mayor intimidad y amistad. Esto es de gran importancia. Los adolescentes ahora tienen a alguien con quien pueden abrirse total y recíprocamente, quien hace lo mismo con ellos. Están compartiendo cosas como nunca antes. Además, para ellos es muy importante el bienestar del otro, lo que los complace y al mismo tiempo choca contra el mundo egocéntrico en el que viven. La confianza y la comprensión se construyen a través de sus relaciones. Finalmente, hay alguien que ellos sienten que los comprende de verdad. Respecto a su identidad, se están dando cambios dramáticos. "Hay alguien a quien yo admiro y que no sólo pasa su tiempo conmigo, sino que también me admira a mí. Por tanto, ¡yo debo ser una persona admirable y buena!" Aborde el tema de la confianza a tiempo. Dedique unos minutos a reflexionar acerca de su primera experiencia amorosa:

- ¿Cómo se sintió al saber que estaba enamorado y que también lo amaban?
- ¿Qué efecto tuvo en otras áreas de su vida esta experiencia amorosa?
- ¿Cómo afectó sus relaciones con sus padres? ¿Con sus amigos?

Lo más lógico es que cuando un adolescente esté viviendo su primer amor, trate de organizar su vida alrededor de esa persona. Cuando están juntos, siente que alguien se interesa por él, alguien lo escucha, alguien lo desea y lo admira, todas estas cosas a la vez justamente en una época en la que en general no recibe este tipo de retroalimentación (Ver Capítulo 2). No debe sorprendernos que la pareja pase horas y horas hablando por teléfono, y que los dos traten de encontrarse y estar juntos cuantas veces sea posible durante el día.

> Me encanta estar enamorado. ¡Es maravilloso! Nos encontramos cuantas veces podemos en los cambios de clase, almorzamos juntos y tratamos de estar el uno con el otro todo el tiempo posible. No es que estemos hablando todo el tiempo, a veces estamos muy callados, incluso cuando estamos en el teléfono. A veces, cuando hablamos tarde en la noche, nos quedamos dormidos con el teléfono en la mano. Estar juntos da una enorme sensación de seguridad. A ella le pasa lo mismo, y precisamente por eso es tan maravilloso.

Claro está que pocos de estos primeros amores son duraderos, aunque la mayoría de los adolescentes en ese momento piensen lo contrario. Sin embargo, si usted les llega a decir esto, ellos pensarán que usted no entiende nada y es posible que su reacción sea muy agresiva. Recuerde, se trata de su primer amor, no del cuarto o del quinto, por tanto, no tienen ninguna experiencia. De hecho, este primer amor es tan absorbente, en parte, porque se trata de una incursión en un territorio desconocido.

> Observar a mi hija experimentar el dolor y el éxtasis de su primer amor ha sido toda una experiencia para mí. Me parece como si estuviera reviviendo la mía, excepto que ahora tengo la coraza de la experiencia. Siento, a la vez, una cierta envidia y gratitud. Envidio las experiencias y todas esas primeras sensaciones que está viviendo y agradezco no tener que pasar por las mismas angustias de nuevo.

La terminación de este primer amor es algo muy traumático en la vida de cualquier adolescente, especialmente cuando no quiere que esto suceda. (¿Qué sintió usted cuando terminó su primer noviazgo?) Para la gran mayoría, ésta constituye la primera experiencia dolorosa de la vida y se convierte en el elemento dominante de su vida durante un tiempo. Afortunadamente, la tristeza no suele ser ni muy larga ni demasiado profunda. Sin embargo, hay casos en los que la terminación de este primer amor es una especie de detonante de una crisis mayor que, inevitablemente, está ligada a otra experiencia, como la muerte de uno de los seres amados, el divorcio de los padres, o la sensación real o imaginada de abandono paterno. En estos casos, suele ser necesaria la ayuda de un profesional (más información al respecto en el Capítulo 2).

> Cuando ella terminó conmigo, sentí como si el mundo entero se me viniera encima. Entré en una depresión tan grande que sentí pavor. Hubo muchos días en los que ni siquiera podía levantarme para ir a la escuela. Mis amigos intentaron ayudarme, pero mi actitud los cansó. Simplemente no lograban entender que no pudiera sobreponerme. La verdad, yo tampoco lo entendía. ¡No era el único

> al que una chica había dejado! Lo más extraño de todo era que si bien yo estaba seguro de quererla, también sabía que había algo más. Por último, mi mamá me obligó a ir adonde un psicólogo. No fue un proceso corto, pero el doctor logró ayudarme a entender y a manejar lo que estaba pasando. Parece ser que la ruptura disparó algo que estaba muy dentro de mí.

En el escenario más corriente después de una ruptura (especialmente para el que no la propicia), los adolescentes experimentan una profunda reorganización de su mundo. Hay un cambio total en su vida social porque vuelven a pasar más tiempo con los amigos y consigo mismos, lo que no es fácil si la relación fue demasiado intensa y se alejaron mucho de algunos amigos. Los adolescentes tienden a organizar su vida alrededor de sus intereses amorosos, por ello suelen excluir a los demás.

> Después de que él terminó conmigo, me sentí como si no tuviera absolutamente a nadie. Estuvimos juntos casi un año, durante el cual perdí contacto con casi todas mis amigas y yo sé que ellas se sintieron muy mal por eso. Además, yo cambié mucho durante ese año, por tanto no sólo tenía que lograr que me perdonaran, sino que tenía que tratar de entenderlas nuevamente. Quizá esa fue la parte más difícil de la ruptura: reconquistar mis amistades.

Además, la identidad personal del adolescente durante este período se funde con la de ese otro, entonces la ruptura da pie a toda clase de crisis. Es indispensable tratar de reencontrarse a sí mismo y de volver a ganar confianza en sí mismo.

> Carrie fue maravillosa para mí. Sabía qué decirme para que yo me sintiera bien conmigo mismo. Cuando estaba saliendo con ella, me sentí muy seguro. Mejoré en béisbol, obtuve mejores notas y me entendí mucho mejor con mis padres. Incluso logré asumir muchos más retos cuan-

do estábamos juntos. Ahora siento que estoy vuelto un desastre y no sé cómo salir de esto. En realidad, lo que más extraño es esa confianza en mí mismo.

Es evidente que el adolescente que plantea la ruptura tiene las de ganar, lo que no significa que esté en un lecho de rosas. Muchos tratan de conservar la amistad, aunque los amores se terminen, pero la tarea no es fácil. Algunos lo hacen porque sinceramente quieren seguir siendo amigos y otros, porque se sienten culpables; por lo general, hay una mezcla de estos dos sentimientos.

Mientras estábamos juntos nos prometimos que seguiríamos siendo amigos aunque la relación terminara. Es decir, durante todo ese tiempo, éramos los mejores amigos. Cuando terminamos, tratamos de seguir siéndolo, pero las cosas no funcionaron. Yo quería que fuéramos amigos, pero él siempre quería algo más. Entonces yo tenía que callar muchas de las cosas que hacía para evitar herirlo (es decir, cuando me interesaba por algún chico). Las cosas entre los dos se volvieron muy raras y la situación se puso muy tensa. Al final tuvimos una gran pelea, una pelea de verdad. No nos hemos hablado en un mes. Espero que alguna vez podamos volver a ser amigos, pero no estoy segura. Creo que intentamos ser buenos amigos demasiado pronto después de la ruptura. Creo que habríamos necesitado tener cierta distancia entre los dos antes de tratar de ser amigos, pero ya es demasiado tarde.

Después de la ruptura de unos amores largos e intensos, su hijo adolescente necesita un apoyo cariñoso y sensato tanto de usted como de toda la familia. Es posible que no quiera hablar de ello, pero puede estar seguro de que lo necesita.

Mis padres se portaron de maravilla conmigo cuando sucedió [la ruptura con mi novio]. No me hacían preguntas, pero no era porque no estuvieran interesados.

> Supieron hacerme sentir que estaban ahí y que no querían que me sintiera presionada. Tuvieron toda clase de detalles conmigo, me preparaban mis comidas favoritas, me compraron flores un par de veces y trataron de estar en casa más tiempo que antes. Hasta se hacían los locos cuando yo seguía hablando por teléfono por la noche.

Ahora vamos a entrar al tema que es omnipresente en el mundo de los adolescentes: el sexo. Ya las cosas eran complicadas antes del SIDA, ahora la situación es más asustadora y genera más ansiedad. En la actualidad, el asunto del sexo en los adolescentes es, con frecuencia, problemático: sus cuerpos son ya capaces de tener sexo, y están ansiosos de él, pero todavía son inmaduros según los estándares de la sociedad. Los deseos y la potencia sexual constituyen fuerzas muy poderosas en la vida de los adolescentes. Pocos de ellos están preparados para las complicaciones y las incomodidades provenientes de su apetito sexual. Para muchos, es como si su cuerpo y su mente hubiera entrado en otra sintonía (tómese un momento para recordar su experiencia como adolescente). El sexo también puede ser peligroso y está sometido a una gran variedad de restricciones morales. Además, están las complicaciones de los no del todo infalibles métodos anticonceptivos, que supuestamente posibilitan la relación sexual sin embarazos; pero el riesgo de embarazo existe, aunque se tomen ciertas precauciones.

Hace algún tiempo, en la revista *Time* se publicó un artículo acerca de este tema. Según las estadísticas que se trabajaban en éste, un 19% de chicos entre los trece y los quince años y un 55% de chicos entre los dieciséis y los diecisiete ya habían tenido relaciones sexuales. Recuerde que por lo general los adolescentes cumplen los trece años en sexto grado y los quince en octavo. En el artículo, se mencionan tres razones que explican estas estadísticas. En primer lugar, los adolescentes maduran más pronto actualmente: "La aparición de la menstruación en las chicas es cada vez más temprana (se observa un descenso de tres meses en cada una de las últimas décadas), por tanto, los deseos sexuales, que hace unos cuantos años empezaban a aparecer a los catorce años, hoy se presentan a los doce". Segundo, la exposición a los medios de comunicación: "Los adolescentes pasan un promedio de cuatro horas diarias frente a la televisión, lo que significa que en un año han visto aproximadamente catorce mil relaciones sexuales, según datos proporcionados por el Center for Population Options (Centro de Opciones para la Población)". Lo que es aun peor, la mayoría de estas relaciones son vistas a través de los ojos idealizados de la cámara de televisión. En el mundo de fantasía que se ve en la pantalla, la mayoría de estas relaciones han sido maquilladas y resueltas de modo más o menos adecuado al final de una hora (o al final de un minuto en los comerciales). Y en la mayoría de los casos, el sexo se privilegia frente a las relaciones, problema que ha recibido poca atención en términos educativos (ver Capítulo 11). Además, cada una de estas relaciones sexuales suele presentar una imagen de belleza sin complejidad ninguna; el mensaje implícito de ello es que si cabes dentro de esta descripción predeterminada, la felicidad en tu vida será ilimitada. Estas categorías constituyen unos estándares frente a los cuales se miden los individuos, pero que no siempre son posibles de alcanzar. Las chicas adolescentes son las más susceptibles a esta influencia (ver el Capítulo 14).

Tercero, y para mí la razón más importante, el sexo es un medio eficaz, a corto plazo, para contrarrestar la baja autoestima: "Los chicos no pueden decir que 'no' si no aprenden primero a sentirse bien con ellos mismos", afirma Joycelyn Elders en el mencionado artículo de la revista *Time.* Junto con la emoción que produce la relación sexual, el adolescente está recibiendo el siguiente mensaje: "Eres atractivo, valorado y deseado por otra persona". Un mensaje poderoso e irresistible para la mayoría de los adolescentes que, por lo general, no se sienten satisfechos consigo mismos. Desde esta perspectiva, el sexo es una especie de oasis de autoestima tanto para los chicos como para las chicas.

> Es emocionante sentir que alguien te gusta, y parte del placer procede de lograr gustarle a ese otro. De verdad todo cambia. Y la parte física es fundamental. Es muy, pero muy grato, saber que esta persona no sólo permite que la toques, sino que lo disfruta. De hecho, cuando lo

> sexual se enciende, es posible que pase un buen tiempo antes de que te des cuenta de si en realidad te gusta esa persona o no. Todo viene junto, a veces dentro de una especie de paquete.

En un mundo ideal, el camino al sexo está allanado con mucha información y muchas conversaciones relacionadas con los aspectos mecánicos y emocionales. Los padres juegan un papel muy importante en estas conversaciones. Si usted es muy tímido o le cuesta enfrentarlo, es muy importante que haga un esfuerzo; estas charlas deben tener lugar. No permita que su desajuste personal afecte la vida de su hijo adolescente y no suponga que estos temas van a tratarse en la escuela. Aunque allí se dan informaciones básicas, nunca podrán cubrir el tema con mayor eficacia que los padres. Dada la enorme cantidad de adolescentes que tienen ya una vida sexual activa, todavía hay un gran vacío en este aspecto de la educación. Entonces, ¿qué deben hacer los padres? Hablar con sus hijos. Posiblemente la timidez desaparezca, pero también es posible que no lo haga.

> La primera vez que hablé con mi hija sobre el sexo y el SIDA, las dos nos sentimos muy incómodas. Y aunque las cosas mejoraron con el tiempo, tampoco es que lográramos un ideal. Ya está en su último año de secundaria y nos reímos cuando nos acordamos de esas conversaciones, aunque reconocemos lo importantes que fueron.

Incómodas o no, estas conversaciones *deben* sostenerse. También es importante que usted busque otros canales para que estas charlas tengan lugar, quizá los hermanos mayores, o un amigo que sepa mucho del tema y que tenga una relación fuerte con el adolescente, también es posible organizar charlas a través del Instituto de Planeación Familiar. Las opciones son ilimitadas, el único límite es su creatividad, no deje que la ansiedad lo coarte.

> Después de ver en la televisión un programa especial sobre el SIDA, quedé muy angustiada y me sentí culpable

> porque nunca habíamos hablado con Sid [mi hijo] sobre estos temas. Simplemente me da vergüenza. Decidí llamar a su médico y pedirle que hablara con él en el siguiente chequeo. Se rio un poco entre dientes y me dijo que no era la primera vez que le pedían esto. Así, pues, concertamos la cita para la revisión rutinaria a finales de ese mes. Me siento mucho mejor al saber que ha tenido esta conversación al menos una vez en la vida.

Al evaluar la vida sexual de su hijo adolescente, no dé nada por sentado y no establezca reglas fijas tampoco. Lo más importante que debe tener en cuenta es que para usted es imposible controlar lo que éste haga o deje de hacer, pero que sí tiene una cierta influencia sobre él, especialmente en lo relacionado con su salud y su seguridad. Lo menos que puede hacer es abordar el tema (sin preguntarle directamente qué está haciendo, lo que cualquier adolescente consideraría una intromisión inaceptable). Manifiéstele claramente cuáles son sus valores y cuáles son sus preocupaciones. Cuando entren en la zona de los "qué pasa si", puede decirle que si bien no aprueba las relaciones sexuales a su edad (si éste es el caso), lo que más le preocupa es su bienestar general. Por tanto, aborde el tema del control de la natalidad, discuta los distintos métodos y cómo hacer para conseguirlos, consulte el programa de Planeación Familiar y vaya adonde un médico general si se trata de un hijo hombre, adonde un ginecólogo si es mujer.

> No estoy seguro de cómo proceder, pero compré una caja de condones y la dejé en el cuarto de mi hijo. Además, le dije que si necesitaba más, todo lo que tenía que hacer era dejarme una nota escrita. Aunque no estoy de acuerdo con que los adolescentes tengan relaciones sexuales, tampoco soy totalmente ingenuo. Además, no pienso poner en riesgo la vida de mi hijo para defender mis ideas.

Trate de ser muy comprensivo en este aspecto, lo que no quiere decir que apruebe todo. Tampoco presuponga que su hijo adolescente hace parte del 55% que ya ha tenido relaciones sexuales, pues corre el riesgo de ofenderlo si lo da por sentado y se equivoca. (Recuerde que un 45% de adolescentes entre los dieciséis y los diecisiete años todavía no ha tenido relaciones sexuales.) Tenga presente lo que recomienda la doctora Ruth Westheimer: "Enseñe a los chicos todo y luego anímelos a esperar".

> Como su padre murió hace unos cuantos años, mi hija [está en último año de secundaria] y yo hemos estado muy cerca la una de la otra. Incluso hablamos de sexo algunas veces. Hace poco me dijo, sin que yo se lo preguntara, que ella y su novio [llevan diez meses] querían tener relaciones, pero estaban esperando el momento y la ocasión apropiados. Ella sabe que yo no estoy de acuerdo con las relaciones sexuales a su edad. Querían encontrar un momento en el que pudieran estar cómodos y un lugar en el que pudieran abrazarse y mimarse uno al otro después de hacerlo. Los dos quieren que su primera relación sea muy especial y, por tanto, están dispuestos a esperar la ocasión propicia.

Unas pocas palabras para cerrar este capítulo. El tema del sexo exige comunicación desde la perspectiva de la relación padres-adolescentes en cuatro aspectos fundamentales. Primero, no se trata de un tema "totalmente objetivo", ni debería serlo. Para los adolescentes, es importante saber cuál es su punto de vista al respecto. La razón más obvia es que ellos necesitan tener una opinión clara sobre la que puedan apoyarse y que los guíe en su proceso interior de toma de decisiones. Segundo, los adolescentes necesitan tener una información completa, veraz y objetiva que cubra los aspectos fundamentales de anatomía, control natal, sexo seguro y enfermedades de transmisión sexual. Junto con esto deben estar también las charlas y las discusiones acerca de las relaciones y sus efectos emocionales e interpersonales, y todo esto debe ser abordado en diversas circunstancias. Tercero, los padres tienen pocas posibilidades de ejercer un control directo sobre lo que está sucediendo. Lo mejor que pueden hacer es tomar las medidas necesarias para que su hijo adolescente reciba la información necesaria, conozca cuáles son sus valores y experimente el método de las consecuencias lógicas. Por último, sin importar qué suceda, lo que usted debe tener siempre presente es que su hijo adolescente necesita saber que el amor que usted siente por él está más allá de cualquier prevención y juicio que usted pueda hacer respecto a las relaciones sexuales y su comportamiento.

Capítulo 10

¿Y si es homosexual?

Mi hijo está en noveno grado y me preocupa que no muestre ningún interés por las chicas. ¿Podría ser homosexual? Y si lo es, ¿qué puedo hacer?

Ante todo, no hay ningún estereotipo o modo de actuar de los homosexuales. Una actitud afeminada en los hombres, o masculina en las mujeres, de ningún modo es un indicador de homosexualidad. Tampoco una aparente falta de interés en el sexo opuesto es necesariamente señal de homosexualidad. Con todo lo que está sucediendo en la vida de los adolescentes, no debe sorprendernos que alguno no muestre un interés activo en el sexo opuesto hasta después de terminar la secundaria (algo similar puede presentarse en el caso de la licencia de conducir: hay algunos que no parecen quererla, pero esto no significa que no quieran independencia). Hay otras razones, además de la orientación sexual, que pueden dar cuenta de esta aparente falta de interés en el sexo opuesto. (En el Capítulo 2 encuentra más información al respecto.)

Por ahora, supongamos que su hijo adolescente es homosexual. Si tenemos en cuenta que entre el cinco y el diez por ciento de la población es homosexual[1], entonces es bien probable que un número equivalente, si no mayor, de padres tenga hijos adolescentes con esta orientación sexual (dado que en muchas familias hay más de un hijo). Además, si los adolescentes son conscientes de su homosexualidad, es posible que éste sea el centro fundamental alrededor del cual se organizan todos los horizontes descritos en el Capítulo 2.

No hay dos experiencias parecidas en lo que respecta a un adolescente homosexual, pero hay algunos temas y preguntas comunes que necesitan atención. Después de referirnos a esto, abordaremos el tema del papel de los padres.

El primer paso frente a la homosexualidad es reconocerse uno como tal. Esto se da de modo diferente en cada persona. Mientras algunos pueden saberlo desde sus primeros años de secundaria, otros solamente podrán hacerse cargo de su sexualidad ya siendo adultos. Pero, por el momento, nos limitaremos a los adolescentes que son conscientes de su sexualidad. La primera actitud puede ser la de negarse a reconocerse como tal e, incluso, a tratar de modificar su inclinación sexual. Muchos adolescentes homosexuales salen con chicos del sexo opuesto e incluso tienen relaciones heterosexuales para tratar de castigar su verdadera orientación. Su actitud se apoya en la siguiente premisa: "Si puedo tener sexo con personas del sexo opuesto, esto demuestra que no soy homosexual".

> Inicialmente, traté por todos los medios de no ser lesbiana. No sólo salí con muchos chicos, sino que llegué a ser bastante promiscua. De alguna manera creía que esto contrarrestaba la fuerte atracción que sentía por las mujeres. Y no es necesario decirlo: las cosas no funcionaron, pero logré engañar a todos los que me rodeaban. Cuando por fin me reconocí abiertamente, nadie lo podía creer.

Como sucede con muchos de los comportamientos de los adolescentes, las señales que envían a través de su comportamiento sexual son variadas y complejas. Trate de mantener esto siempre presente y no llegue a conclusiones anticipadas.

En realidad, según el doctor Alfred Kinsey, investigador del tema de la sexualidad, hay distintos grados de facetas homosexuales en la mayoría de nosotros. Es decir, las categorías 'homosexual' y 'heterosexual' no son unívocas; más bien, representan una especie de extremo de un continuo de la sexualidad. Si trata de combinar esto con todos los otros cambios que está viviendo el adolescente, no se sorprenderá al descubrir que la confusión sexual es a veces una fase necesaria para definir la identidad sexual.

Entre saber que uno puede tener ciertos aspectos homosexuales y reconocerse claramente como tal, hay una gran diferencia. Pero cuando un adolescente reconoce su homosexualidad, está bastante seguro de ella; si ha habido cierta indecision, ésta ha sido disipada por la fuerza y la persistencia de sus sentimientos homosexuales. Pero reconocer la homosexualidad no es el paso más grande ni el más difícil; aceptarla sí lo es. Dado que ser homosexual todavía acarrea un fuerte estigma social, no es algo que los adolescentes acojan con los brazos abiertos. Lo corriente es que luchen contra ello con todas sus fuerzas, en parte debido a la falta de aceptación social y en parte porque es posible que no esté de acuerdo con la imagen que tienen de sí mismos. Muchos chicos sueñan con crecer y conseguir un buen trabajo, casarse y educar una familia. Muy pocos sueñan con crecer como homosexuales, enfrentar los prejuicios en sus lugares de trabajo, luchar contra el sistema legal para lograr tener relaciones íntimas que sean consideradas legítimas y tener que trabajar en exceso para lograr la autorización para adoptar un niño. Además, antes de poder aceptar su propia homosexualidad, los adolescentes tienen que luchar contra los estereotipos con los que han crecido. La homofobia no es propiedad exclusiva de los heterosexuales.

> Darme cuenta de que era homosexual no fue el problema. Es decir, ¿cómo evitarlo si los hombres atractivos despertaban lo que despertaban en mí? La parte más difícil fue aceptar mi homosexualidad. Crecí con toda clase de ideas acerca del tipo de persona que eran los homosexuales: hombres que se vestían con ropa de mujeres, hombres que acosaban a los niños pequeños, hombres promiscuos y muy afeminados. No encajaba dentro de ninguno de estos estereotipos, pero sabía que era homosexual. Era el capitán de mi equipo de fútbol y soñaba desesperadamente con enamorarme de un chico de mi

edad y poder tener una relación estable. No respondía a ninguno de los estereotipos con los que crecí.

Es posible que el mayor temor de los adolescentes homosexuales sea enfrentar el rechazo de su familia y de sus amigos, especialmente el de la familia. Creo que este temor profundo pone a estos adolescentes dentro de la categoría de más alto riesgo. Trate de imaginar, si le es posible, qué sentiría si descubre algo en usted mismo que cree que podría acarrearle el total rechazo de su familia si ésta se enterara, algo tan horrible que podría significar que lo echen de la familia. Ésta es la realidad de muchos adolescentes homosexuales. Ellos desarrollan esta actitud a partir de los estereotipos personales y sociales de la homosexualidad, así como de la actitud explícita e implícita que se tenga en su casa.

> Ya hace años que sé que soy homosexual, pero en mi casa todavía no lo saben. Estoy seguro de que mamá podría manejar la situación, pero dudo de que papá pueda. También sé que mamá no sería capaz de ocultárselo a papa. Él es el tipo de hombre machista que ama los deportes y le gusta ser "hombre-hombre". Además, siempre está haciendo chistes sobre los homosexuales, por tanto no me cabe duda de que se enloquecería. Es posible que espere hasta entrar en la universidad. Creo que la distancia y la separación harán las cosas más soportables. También espero encontrar otros que ya hayan tenido que enfrentar esta situación con su familia.

Para un adolescente que se descubre homosexual, el esfuerzo por mantener el secreto podría absorber todas sus energías e interferir totalmente en el desarrollo de su identidad personal y su autoestima. Cree que seguramente podrá tener éxito en muchas actividades, pero si su sexualidad fuera descubierta y se supiera la verdad, todos sus logros se irían al traste. También muchos adolescentes homosexuales suelen creer que merecen esta suerte porque en el fondo quizá son malas personas. Si no se les atiende a tiempo, este sentimiento puede llevarlos a experimentar sentimientos profundos de desprecio a sí mismos e, incluso, a adoptar actitudes autodestructivas.

> Durante mucho tiempo creí que de alguna manera me merecía mi suerte porque en el fondo debía de ser una mala persona. En los momentos peores, hice cosas muy arriesgadas. Sentía que si lograba sobrevivir, quizá merecía vivir después de todo. Me drogaba y conducía el auto a toda velocidad. Me emborrachaba y caminaba sobre tapias muy altas y en lugares peligrosos; incluso llegué a jugar a la ruleta rusa con la pistola de papá. Por fortuna, un solo ensayo fue suficiente para convencerme de que no merecía morir.

Tratar de evitar la realidad, o negarse a aceptarla en este caso, puede llegar a destruir al adolescente. De acuerdo con un estudio realizado por Paul Gibson, en 1986, para el Departamento de Salud y Servicios Humanos del Departamento de Estado en los Estados Unidos, los homosexuales están en un riesgo dos o tres veces mayor de suicidarse que los jóvenes heterosexuales, y un 30% de los que realmente logran suicidarse posiblemente lo hace empujado por problemas de identidad sexual. Estas estadísticas sorprendentes no tienen en cuenta otros comportamientos de alto riesgo motivados por problemas de identidad sexual, como son el abuso con las bebidas alcohólicas y con las drogas.

> Antes de que aceptara mi homosexualidad, estaba bastante loco. Me drogaba y me emborrachaba a todas horas. De hecho, llegué a alcoholizarme. Fue en los Alcohólicos Anónimos en donde descubrí que tenía que hacerle frente a mi sexualidad. Cuando estaba borracho, llegué a tener relaciones sexuales homosexuales sin tomar las debidas precauciones y luego culpaba al alcohol, así no tenía que aceptar que era homosexual. Al mirar hacia atrás, puedo ver que la negación de mi sexualidad fue lo que me llevo al consumo excesivo de bebidas alcohólicas; no obstante, me las ingenié para alcoholizarme. Irónicamente,

> la única manera de volver a la normalidad fue enfrentar mi sexualidad.

Además de la aceptación familiar (tema que trataremos más adelante), el adolescente necesita un grupo de compañeros que comprenda y sepa valorar los conflictos que enfrentan los chicos y las chicas homosexuales. Con frecuencia, necesita tener acceso a un grupo de apoyo para lograr desarrollar su sentido de identidad: otros adolescentes homosexuales. Afortunadamente, este tipo de redes son más comunes en la actualidad, pero todavía no están claramente a la disposición de la mayoría de los adolescentes.

> Lo más difícil de todo fue encontrar otros homosexuales en la escuela para poder hablar con ellos. Como la homosexualidad todavía es estigmatizada por los compañeros, por los padres y por la sociedad, no resulta fácil encontrar a los otros. Es bastante loco. Recorrí la ciudad durante mucho tiempo en busca de un grupo de apoyo para adolescentes homosexuales, que me sirvió mucho inicialmente. Pude escuchar las historias de otros, supe de sus temores, éxitos y fracasos. De repente, ya no me sentí tan solo. Me ayudaron mucho en el proceso de abrirme con mis padres, me dieron consejos y valor. Pero después de cierto tiempo, me di cuenta de que lo único que tenía en común con la mayoría de ellos era mi sexualidad. Sus intereses eran muy diferentes a los míos, iban a colegios distintos ubicados en diferentes extremos de la ciudad. De repente, sentí que estaba dividido entre dos mundos, pero que no pertenecía a ninguno de los dos. Mi sexualidad no hacía parte de mi vida diaria. Así, empecé a declararme homosexual, poco a poco, con algunos de mis compañeros. Hubo una mezcla de reacciones, pero cuando me gradué la mayoría de mis mejores amigos lo sabían. De todos modos, sólo fue en la universidad en donde pude juntar esos dos mundos. Aquí hay una comunidad homosexual muy fuerte, y esto nos ayuda muchísimo.

Es muy importante lograr un grupo de compañeros homosexuales, porque éste representa un espacio en el que la sexualidad del adolescente es aceptada como algo normal y no como un secreto que debe mantenerse a toda costa. Recuerde lo importante que es la aceptación durante la adolescencia.

Cuando los adolescentes llegan a ser claramente conscientes de su homosexualidad y la aceptan, deben tomar ciertas decisiones: ¿Van a contárselo a alguien? Si éste es el caso, ¿a quién? ¿Cuándo y cómo? ¿Puede alguna persona en la familia ayudarles a hacerlo? ¿Pueden ellos enfrentar a quienes no aceptan su sexualidad? ¿Vale la pena correr el riesgo? ¿Piensan llevar una vida sexual activa o van a esperar hasta terminar la secundaria o un poco después? Si piensan llevar una vida sexual activa, ¿cuál sería el lugar seguro? ¿Podrán enfrentar la reacción de sus compañeros cuando lo sepan? ¿Se sienten obligados a declararse? ¿Hay otros que están pasando por la misma experiencia? ¿Cómo se pueden encontrar? ¿Hay algunos adultos "confiables" con quienes poder hablar?

Entonces, ¿qué pasaría si su hijo adolescente es homosexual y se lo cuenta a usted? (Algunos adolescentes que no son capaces de hablar con sus padres abiertamente tratarán de hacerlo indirectamente, por ejemplo, pueden dejar libros acerca de los homosexuales en algún lugar que puedan ser vistos. Aunque usted no debe sacar conclusiones anticipadas, tampoco trate de conservar su total inocencia.) Esté dispuesto a que su vida se transforme dramáticamente cuando esto suceda. Los padres casi nunca están preparados para la homosexualidad de un hijo, por tanto, todavía hay mucho camino por recorrer. Primero, cuando su hijo se lo cuente, no intente poner en duda lo que le está diciendo, porque cuando decida contárselo ya estará bastante seguro de su sexualidad. Como se dijo antes, el principal temor que tienen los chicos es ser rechazados por su familia, de modo que ninguno va a arriesgarse a enfrentar este rechazo, a menos de que esté totalmente seguro. Segundo, su hijo no puede cambiar, entonces es usted quien debe hacerlo.

> Fue una experiencia realmente fuerte; parecía como si ellos [mis padres] estuvieran leyendo una especie de libreto, o

algo parecido. Al principio se quedaron totalmente mudos, pero cuando empezaron a recobrar la voz su primera pregunta fue: "¿Estás seguro?" Si para poder siquiera concebir la idea de hablar con ellos, yo tenía que estar absolutamente seguro, ¿cómo se les podía ocurrir que yo les iba a decir algo de este calibre sin estarlo? Después de un largo rato, cuando por fin entendieron que yo estaba muy seguro de mi sexualidad, dieron el segundo paso dentro del libreto de los "Padres de un adolescente homosexual", es decir, intentaron otra estrategia: empezaron a preguntarse si no se trataría simplemente de una etapa normal dentro de mi proceso de desarrollo. Cuando llegaron a este punto, mamá habló de un amigo que se creyó homosexual… ¡hasta el día en el que encontró a la mujer adecuada! Papá dio un paso más y empezó a preguntarse si no habría ninguna posibilidad de que yo cambiara. ¡Fue algo demente!

Y,

Tengo que reconocer que cuando Sarah habló abiertamente conmigo, la sorpresa que me llevé fue total. Temo no haber reaccionado como debía. Me sentí enojada y confundida. Sentí como si me estuviera agrediendo a mí. Me quedé tan enredada en mí misma, que no podía imaginar que lo que ella estaba diciendo tuviera su origen en una perspectiva diferente a la mía. Me preocupó lo que pensaran en mi familia y en mi grupo de amigos, también empecé a pensar cómo se lo contaría. Todo fue demasiado confuso para mí. Y no sólo su sexualidad. Posiblemente la parte más difícil fue decir adiós a todos los sueños que yo me había hecho con ella: que se casara con un hombre que nos gustara a nosotros, que tuvieran hijos y, quizá lo más importante, que llegara a ser abuela. Tratar de comprender y aceptar las implicaciones de lo que Sarah nos estaba diciendo no fue fácil desde ningún punto de vista. Ahora que miro hacia atrás, me doy cuenta de que éramos nosotros los que teníamos que cambiar y, a regañadientes, ponernos al día con nuestra hija. Gracias a Dios ella fue paciente y constante con nosotros; en realidad, nos faltaba crecer mucho todavía.

Ante todo, el adolescente homosexual necesita su aceptación, su amor y su reacción honesta. Usted puede sentirse furioso, confundido, asustado, pero aun así es posible comunicarle su aceptación y su amor inquebrantable. Él no espera que usted acepte inmediatamente lo que le ha costado tanto aceptar a él mismo. Además, teniendo en cuenta lo importante que es la aceptación paterna y familiar, lo más posible es que sea muy paciente y abierto con usted durante este proceso. Una aceptación real abre las puertas a nuevas esperanzas y alegrías en su relación con su hijo adolescente.

Por último, en lo que respecta a usted mismo, no trate de asumir las cosas solo. Busque ayuda, quizá en su ciudad existan grupos de apoyo, trate de contactarlos. En Estados Unidos hay organizaciones, una de ellas se llama P-Flag (Parents and Friends of Lesbians and Gays). Escuchar los relatos de otros padres, conocer sus luchas y sus logros es una gran fuente de apoyo e inspiración. (Esta afirmación vale también para muchas preocupaciones paternas: las bebidas alcohólicas, las drogas, los trastornos alimentarios, las depresiones o simplemente las preocupaciones generales.)

---

[1] No hay dos grupos o estudios que estén de acuerdo en el porcentaje exacto de homosexuales en los Estados Unidos. Según el estudio de Alfred Kinsey (1948 y 1953), es el 10%. Pero según un estudio reciente realizado por investigadores de la Universidad de Chicago (Laumann y otros, 1993), un 5.3% de hombres y un 3.5% de las mujeres reconocieron haber tenido relaciones sexuales con personas del mismo sexo al menos una vez durante su pubertad. Según este mismo estudio, 2.8% de los hombres y 1.4% de las mujeres se reconocieron como homosexuales o bisexuales. Personalmente, no creo que sea demasiado importante conocer los porcentajes exactos. Lo que es fundamental es que la homosexualidad es un hecho de la vida de nuestra sociedad. Incluso si el porcentaje fuera solamente un 1%, todavía estaríamos hablando de mucha gente.

Capítulo 11

Televisión, música y computadores

¿Debo controlar la música que escucha y la televisión que ve mi hijo adolescente?

Para muchos padres, la música y la televisión parecen ser dos variaciones del mismo tema, pero las cosas no son así.

Hace un par de años, leí una entrevista que le hicieron al estudiante que tenía el promedio más alto en la Universidad de California en Berkeley. Decía, simplemente, que él creía que lo que más había influido en él para obtener ese puntaje había sido crecer sin televisión en casa.

Un aspecto de la televisión que yo considero perjudicial para el desarrollo psicológico de los adolescentes es que los programas y los personajes que actúan en ellos suelen ser artificiosos y emocionalmente simplificados. Incluso en las series más mal escritas y mal actuadas, un director puede manipular las emociones de un espectador corriente por medio de la utilización de las cámaras, los diálogos simples y la música. La ilusión que se crea es la de que yo (espectador) puedo articular mis emociones, puesto que, después de todo, soy capaz de enfrentar una amplia gama de emociones cuando veo televisión. Esto no solamente es falso, sino que constituye también un ejemplo poco aceptable de lo que puede suceder en una vida emocional estructurada. Sólo unas pocas series de televisión han tratado de presentar un panorama emocional realista, pero inevitablemente han ido desapareciendo, pues aunque se les reconoce su calidad artística no suelen tener el *rating* más alto. No quiero decir que esto sea el resultado de una especie de conspiración de los productores de televisión, pero nos sirve para ilustrar las limitaciones de la televisión en nuestros días.

Pude tener más claridad sobre estas limitaciones hace poco al leer *Lila,* el último libro de Robert Pirsig. En él describe una conversación que tuvo con Robert Redford acerca de la adaptación cinematográfica de su libro anterior, *Zen and the Art of Motorcycle Maintenance.* Redford quería adaptarlo para el cine y quería que Pirsig fuera totalmente consciente de que, como autor del libro, sentiría una gran decepción cuando viera los resultados, a pesar de que su intención era esforzarse al máximo para lograr la mayor fidelidad posible en la adaptación. Mientras reflexionaba sobre esta situación, recordé lo que dijo Jerome Bruner, autor y profesor, acerca del argumento. Una novela tiene dos argumentos simultáneos: el de la acción (lo que hacen los personajes) y el de la conciencia (lo que piensan y sienten los personajes), y sólo los lectores tienen acceso a éste. Aquí está el problema básico de la televisión y la articulación emocional: en la televisión, inevitablemente, la atención se concentra ante todo en el argumento de la acción y sólo superficialmente en el de la conciencia. Escuchamos los diálogos entre los personajes y lo único que podemos hacer es tratar de extrapolar los niveles de conciencia que están tras ellos. En la vida real, el proceso emocional se da en el argumento de la conciencia. Como la televisión no tiene todas las herramientas necesarias para trabajar este proceso, en la mayoría de los dramas televisados se exagera y se simplifica la acción para generar experiencias emocionales.

Recuerde que la visión que los adolescentes tienen del mundo es ambigua. Y que necesitan aprender a moverse y a luchar dentro de esta ambigüedad para poder encontrar claridad en ellos mismos. Así, cuando los argumentos de acción se presentan de modo tan claro en la televisión, se da mayor realce a la ambigüedad de su vida diaria y se fortalece su voz de autocrítica. Un ejemplo: Piense en algún libro que haya leído y disfrutado mucho, y cuya adaptación cinematográfica haya visto después. ¿No le parecieron los personajes mucho más planos en la película que en el libro? ¿Qué tanto hubo que alterar el sentido del libro para poder satisfacer las necesidades del argumento de acción que exige la pantalla?

Los niños, los adolescentes y los adultos necesitan reflexionar más acerca de los procesos de la conciencia y menos acerca de la acción misma si quieren llegar a ser personas emocionalmente maduras. Si la televisión interfiere en este proceso de aprendizaje, entonces es perjudicial para el crecimiento personal, particularmente durante la adolescencia.

Ahora volvamos a la pregunta inicial. Creo que tiene mucho sentido que los padres den ejemplo en su comportamiento en cuanto a su exposición a la televisión, para que sus hijos tengan un patrón que puedan seguir. También tendría sentido evitar que la televisión esté permanentemente a la disposición de todos, es decir, que no sea simplemente cuestión de presionar un botón. En cuanto al control directo (tanto en relación con la televisión como con muchas otras cosas), todo depende de la edad de su hijo. A medida que se va haciendo mayor, éste necesita tener más autonomía. En términos muy generales, yo diría que en el octavo grado es adecuada cierta dirección, en noveno debe ser un poco menor, en décimo, muy poca, si es necesaria alguna, y ninguna en undécimo.

> Paul estaba frente a la televisión todo el tiempo: cuando llegaba del colegio, a la hora de la comida y mientras hablaba por teléfono con sus amigos. Era horrible. Hasta que finalmente nos exasperamos. Primero, le advertimos que podía ver televisión todo el tiempo que quisiera si las notas eran buenas; si éstas empezaban a bajar, tomaríamos esto como señal de que necesitaba nuestra intervención para ayudarle a corregir su adicción a la televisión. Como casi siempre, no pareció reaccionar y no cambió

nada. Llegó el día de las notas. Le recordamos la conversación que habíamos tenido... ¡y desconectamos la televisión para toda la familia! Las primeras semanas fueron infernales. Ni siquiera nos dirigía la palabra. Poco a poco, las cosas fueron mejorando. Las notas del período siguiente llegaron y obviamente fueron mucho mejores. Entonces negociamos: podía ver televisión, pero limitándose a ciertos programas especiales. Esta regla aplicaba para toda la familia, lo que significó un gran cambio para todos, pero para él cualquier otra actitud habría sido hipócrita.

En mis momentos más conservadores, pienso que la televisión es un elemento de entretenimiento bastante manejable. En momentos más radicales… bueno, creo que tengo que confesarlo: no soy su mejor abogado. Recuerdo que cuando compré mi primer televisor, le dije a uno de mis amigos que temía descubrir el "holgazán del sofá" que quizá estaba agazapado en mi inconsciente. Él me dio dos consejos. Uno, comprar un televisor portátil que pudiera guardar en un clóset cuando no lo estuviera usando, y que tratara de buscarle un lugar al que no fuera muy fácil acceder. Dos, comprar un televisor sin control remoto para que tuviera que hacer un esfuerzo para cambiar de canal. Muchos de nosotros necesitamos estos controles externos.

La música, sin embargo, es algo totalmente diferente (ver el Capítulo 2, especialmente el relato de Nick Parker, en las páginas 18 y 19). La música es una vía de escape a la que recurren la mayoría de los adolescentes para poder reflexionar acerca de los sucesos del día, pues les ayuda a mantener en silencio su ansiedad. Los sentimientos positivos asociados con la música les proporcionan la distancia y la perspectiva que necesitan. Por tanto, aunque a usted le cueste creerlo, los adolescentes, por lo general, están siendo productivos cuando llevan los auriculares puestos y están sentados en su cama.

Lo primero que hago cuando llego del colegio es ponerme los auriculares y escuchar la música que más me gus-

> ta. Al principio es como si emprendiera vuelo, pero después de un rato empiezo a pensar en las cosas que pasaron durante el día. Por alguna razón, la música ayuda a que todo esto venga a mi mente.

Un aspecto muy útil de la música es que ésta les ayuda a los adolescentes a articular lo que están sintiendo. Hay ocasiones en las que las letras de las canciones les ayudan a encontrarle sentido a sus sentimientos. (Para apreciar totalmente este aspecto de la música, trate de recordar un par de sus canciones favoritas y las que consideraba más "profundas". ¿Qué tanto gusto experimenta al escucharlas hoy?) Hace pocos días, un estudiante vino a mi oficina con un casete y una grabadora. (Unos pocos meses atrás había estado luchando por darle forma a lo que estaba sintiendo con respecto a sus padres.) Cuando entró en mi oficina y puso a funcionar la grabadora, me dijo con mucho entusiasmo que la canción que íbamos a escuchar resumía exactamente lo que estaba sintiendo. Además, dijo que era muy importante prestar atención a la letra, pero escuchándola con la música, porque las palabras solas no daban cuenta del sentido total. Cuando la canción terminó, me dijo que después de comprender exactamente lo que le molestaba, había podido pensar qué debía hacer. Se sentía muy orgulloso de sí mismo, y tenía toda la razón.

El peligro, por supuesto, es que la música, al igual que la televisión, corre el riesgo de simplificar asuntos verdaderamente complejos al intentar tomar la vía rápida. Pero incluso en este caso, los adolescentes deben retomar el asunto cuando la vía rápida no les da resultado.

Por último, está el problema de los contenidos (preocupación que también se tiene con algunos videos y juegos de computador). Históricamente, parecería ser que todo lo que hacen los adolescentes supera al menos en un paso el nivel de comodidad de sus padres. Recuerde cómo reaccionaban sus padres a la música que usted oía cuando era adolescente. Recuerde también qué sentía usted frente a esa reacción. Como en otras áreas, tenga en cuenta el nivel de desarrollo (octavo, noveno, décimo o undécimo grado) y su capacidad de compromiso. Por supuesto que es su casa y usted tiene todo el derecho de insistir en ciertas cosas, pero recuerde que debe saber cuáles son las batallas que vale la pena emprender.

Pregunta: ¿Qué opina de utilizar los computadores para jugar y para comunicarse con otros? ¿Qué límites debo establecer?

Hay dos aspectos que debemos tener en cuenta: los juegos de computador y de video, y la comunicación por computador. Los juegos son una fuente maravillosa de disfrute para muchos adolescentes. Pero, claro está, si su hijo adolescente solamente se dedica a esto y no quiere realizar ninguna otra actividad, hay razones para preocuparse. Sin embargo, si tiene otros intereses y tiene amigos, los juegos por computador pueden ser muy saludables. Si al llegar a casa todos los días lo único que hace es jugar solitario en su computador, esto puede ser un indicador de que está enfrentando algunas dificultades en su vida social y con el grupo de amigos (en el Capítulo 2 encontrará más información al respecto). De todos modos, esto tampoco quiere decir que los juegos por computador y los amigos sean incompatibles o excluyentes.

> Al salir del colegio, dos amigos y yo solemos ir a la casa de alguno de nosotros y nos quedamos allí hasta la hora de comer por la noche. Aunque parezca extraño, lo que hacemos es jugar en el computador. Nos atraen mucho los computadores y todos tenemos muchos juegos, entonces elegimos en cuál casa nos reunimos dependiendo de lo que queramos jugar. Cada uno juega algo por turnos y, mientras tanto, los otros lo miramos. En realidad, ni siquiera hablamos mucho. Sé que suena raro, pero es mucho mejor que jugar solo.

Por otra parte, está el cada vez más amplio y fascinante mundo de las comunicaciones a través del correo electrónico, internet y otros usos del computador. Esta modalidad de comunicación les proporciona a los adolescentes todo un mundo de posibilidades en lo relacionado con las relaciones interpersonales y con su intimidad. Ahora ya no están limitados a charlar exclusivamente con los adolescentes de su entorno. Existe la posibilidad de comunicarse con cualquier persona que viva en cualquier lugar del mundo, claro, si ésta tiene computador e internet. Además, y éste es quizá el aspecto más importante de esta comunicación, les permite expresar sus ideas: no hay restricciones de apariencia personal, edad, sexo o raza. La timidez prácticamente desaparece en la comunicación electrónica. Por muchas razones, este método tiene las mismas ventajas que el teléfono, pero en grado sumo. Internet, por ejemplo, representa un espacio seguro en el cual desarrollar y experimentar nuevas habilidades interpersonales. También obliga a quienes lo utilizan a organizar sus pensamientos a través del mundo de la escritura, lo que es bueno para los adolescentes.

> En general, me comunico con las personas en tres niveles diferentes. Primero está el nivel informal en el que me relaciono con mis amigos y conocidos en el colegio. El segundo es el nivel mucho más profundo de mis sentimientos y mi modo de pensar. Éstos suelen ser bastante confusos al principio, entonces necesito tiempo para aclararlos. Internet me sirve para comunicarme con mis amigos de muchas formas. El año pasado, mi novio se graduó y se fue a estudiar en una universidad que queda muy lejos de mi casa. Como los dos tenemos computador, las cosas se facilitaron mucho. Ha sido estupendo para nosotros. Además, he hecho muchos nuevos amigos en la red. Aunque no tengo ni idea de cómo son, tengo la sensación de que los conozco muy bien. Es más seguro hablar con ellos sobre muchas cosas. También más fácil. Puedo decir lo que quiero y no tengo la preocupación de pensar que, de pronto, voy a tener que salir con ellos al día siguiente, ni tengo que pensar que los voy a ver en el colegio. Nunca siento vergüenza cuando estoy en la red. Además, puedo decirles lo que en realidad pienso de lo que dicen. En cambio, en el colegio me tengo que cuidar para no lastimar a nadie. La otra ventaja de la red es que

la retroalimentación que recibo es sincera. El tercer nivel de comunicación es el que tengo con mi mejor amiga y con mi novio. Con ellos, la comunicación es básicamente la misma a través de la red que en persona. Para mí, la red es un nexo entre los diferentes modos de comunicación.

Claro está que, aunque sea algo estupendo, la exageración es otra cosa. Como con la televisión, si los adolescentes no logran controlarse a sí mismos, quizá necesiten de su ayuda. Simplemente trate de asegurarse de prevenirlos a tiempo, para que sean capaces de controlarse cuando así lo deseen. De todos modos, es evidente que la televisión, la música y los computadores ofrecen una variedad de experiencias y pueden ser útiles para los adolescentes de diversas maneras.

Capítulo 12

Deportes y actividades extracurriculares

¿Qué papel representan los deportes y las actividades extracurriculares en la vida de los chicos?

Los adolescentes invierten mucho tiempo en hacer deporte y en participar en actividades de teatro o artísticas, en grupos musicales o de danza. Las razones que los mueven a ello suelen ser las mismas, pero entrañan algunas diferencias importantes. En primer lugar, hacer parte de un equipo o de un grupo de actuación les proporciona un sentido de pertenencia a una comunidad en la que se comparten muchos intereses y que es más cercana a ellos que la comunidad extensa que es la escuela. Como vimos en el Capítulo 2, más específicamente en la sección dedicada al horizonte de la interacción social, el sentido de pertenencia le ayuda mucho al adolescente para superar la timidez y la soledad.

> Me gusta mucho correr, especialmente porque siento que he logrado algo cuando termino una buena carrera. También es una manera estupenda de dar salida al mal genio. Pero, honradamente, disfruto tanto el tiempo de antes y después de la carrera como la carrera misma. En el trans-

curso del semestre, llego a sentirme muy cómodo con los demás corredores; me siento más dueño de mí mismo en una carrera a campo traviesa que cuando estoy en la escuela en un día corriente. Además, a medida que voy conociendo más a mis compañeros de equipo, tengo más gente con quién pasar el tiempo en el colegio, además de mis amigos más cercanos. Las relaciones no se limitan a la época de las competencias, y esto hace que mi vida sea más variada.

En segundo lugar, los deportes y la mayoría de las actividades extracurriculares plantean desafíos claros y específicos. En una época de la vida en la que las cosas son menos claras y definidas que nunca, contar con estos desafíos proporciona un respiro importante. Por ejemplo, al final de un partido se sabe claramente cuál es el equipo ganador y cuál el perdedor. Y al final de un concierto se sabe si el público respondió o no. También la participación habla por sí misma: uno juega bien y juega mucho, o juega mal y muy poco. Por supuesto que hay excepciones a la regla: a veces un entrenador o un director de teatro no sabe reconocer los talentos de los adolescentes, y éstos aprenden lecciones muy difíciles pero esenciales en la vida.

No puedo creer que no me hubieran dado un papel en la obra. La audición que presenté fue genial. No fui sólo yo quién pensó esto, todos dijeron que había sido espléndida. Quiero decir, estaba seguro de que me iban a dar el papel... ¡pero no me dieron nada! ¡Me dio mucha rabia! Cuando hablé con el director de la obra, todo lo que supo decirme fue que para él las cosas no habían sido como yo las veía. ¡Es un imbécil!

Por último, al menos con los deportes, cada día es diferente al otro, y los resultados son impredecibles.

Me encanta jugar fútbol todos los días, no importa si estamos entrenando o jugando un partido de verdad, aun-

> que los partidos son mucho mejores. Después de cada partido, uno sabe si está mejorando, pero el entrenamiento también lo obliga a uno a ser humilde. El otro día jugamos con un equipo al que le habíamos ganado por 7 a 1 en el campeonato anterior... ¡y esta vez ellos nos ganaron por 3 a 2! Estuvimos en las nubes durante todo el partido. Pero cuando estamos jugando bien, somos mucho más que once individuos. ¡Es genial!

En tercer lugar, las actividades extracurriculares y el deporte ofrecen, a diario, oportunidades para ganar más confianza en uno mismo. (Recuerde lo que se dijo en el Capítulo 2 acerca de la caída de la autoestima en los adolescentes, especialmente las chicas.) A través de los entrenamientos, de los ensayos y de las competencias entre los diferentes equipos, los participantes tienen muchos medios para medirse ellos mismos y verificar su progreso. También cuentan con un adulto que, a menudo, está muy interesado en su progreso y cuya mirada le ofrece un cambio refrescante al adolescente. De hecho, y con alguna frecuencia, es a través de las relaciones con el entrenador, o con quien está a cargo de la actividad, que los adolescentes empiezan a ver a los adultos como algo más que una escueta figura de autoridad.

> El entrenador Johnson es un hueso duro de roer en lo que tiene que ver con los tiros libres. Cada uno de nosotros tiene que hacer cientos de tiros libres y llevar el registro de los resultados. Claro que también es muy bueno, es decir, con el tiempo he podido ver el progreso. Por eso hasta cuando nos grita, yo sé que es porque quiere que uno progrese y que todo ese esfuerzo lo hace por uno; quiere que lleguemos a ser buenos jugadores y siempre está pensando en el equipo. Además, como todos trabajamos juntos, se va logrando que el equipo funcione. Por eso creo que todo tiene sentido, aunque todavía no me guste del todo.

Cuarto, el deporte y las actividades extracurriculares les ayudan a los adolescentes a organizar su vida. La mayoría de los equipos y los grupos de actividades requieren unas cuantas horas diarias de entrenamiento o ensayo, entonces los chicos tienen menos tiempo libre para hacer sus tareas, responder a los requerimientos familiares y atender su vida social. Por tanto, necesitan organizarse mejor durante las competencias (cuando tienen menos tiempo disponible) que en los períodos de preparación (cuando disponen de más tiempo). Como esta actividad es su prioridad, organizan su vida en torno a ella. No debe sorprendernos que los resultados académicos sean superiores en tiempos de presión. Los adolescentes se sienten bien cuando tienen muchas actividades, siempre y cuando estén bien estructuradas y ellos sean consistentes en sus entrenamientos o ensayos, los cuales deben estar cuidadosamente programados. Por esta razón, a los músicos se les facilita más ensayar cuando hacen parte de un grupo o cuando sus clases tienen un horario bien definido. Los entrenamientos o las clases les sirven de núcleo a partir del cual organizar su vida.

Un error que los adultos suelen cometer es tratar de comprender qué es lo mejor para sus hijos adolescentes a partir de un esquema racional. Por ejemplo, cuando se observa un declive en las notas de los estudiantes, no es extraño ver que los padres insistan en que limite su tiempo de entrenamiento con el equipo. Pero al perder el factor que les permitía organizar su vida (ni hablar de la pérdida de su autonomía), lo más posible es que sus notas empeoren aun más. La intervención de los padres, en este caso, va en contravía de lo que sería lógico. ¿Quiere esto decir que la intervención paterna suele ser poco lógica? No. Lo que esto quiere decir es que usted necesita hablar con su hijo adolescente y saber escucharlo, para poder comprender qué hay tras la caída de sus notas y qué significa para él su compromiso con el equipo.

> A Sofía le iba bastante regular en el colegio y un día nos comunicó que le habían asignado el papel principal en la obra que se presentaría en la primavera. Obviamente nos alegró muchísimo la noticia, pero también nos preocupaba mucho pensar cómo afectaría esto su rendimiento académico. Cuando sacamos el tema a relucir, ella empe-

zó a llorar y se angustió mucho, pues temía que le exigiéramos que no aceptara lo que le habían propuesto. ¡Y esto era justo lo que estábamos pensando! Así que la escuchamos atentamente cuando nos explicó lo importante que la obra era para ella. Nos prometió que si la apoyábamos en esto, sus notas iban a mejorar. De hecho, nos sugirió que llamáramos a sus profesores después del primer mes de ensayos para asegurarnos de que estaba mejorando. Como nunca había mostrado este tipo de compromiso antes, aceptamos su propuesta, aunque a regañadientes. Pues bien, Sofía hizo parte de la obra, su actuación fue maravillosa e incluso logró mejorar sus notas. Y esto nos ayudó a abrir los ojos.

Por último, este compromiso a largo plazo con las actividades (especialmente con un grupo) es muy importante para enseñarle al adolescente a manejar su egocentrismo y su inseguridad personal, pues tiene que lograr un objetivo que él mismo eligió. Mucho de lo que se necesita para lograr el éxito en la vida depende de cómo se enfrenten las dudas y los contratiempos mientras se está trabajando para lograr un objetivo. Si la duda y los contratiempos consumen la mejor parte del individuo, es muy poco posible que éste logre alcanzar sus objetivos y es menos posible aun que pueda hacer algo con profundidad. Las actividades extracurriculares son como una especie de talleres en los que se maneja la duda y el desafío, y las lecciones que se aprenden en ellas suelen proyectarse a otros campos de la vida y del estudio.

Una diferencia notable entre los malos estudiantes y los buenos estudiantes tiene que ver con el modo en el que enfrentan sus problemas cuando tienen dificultades en algún examen. Los malos estudiantes entran en pánico ante la dificultad y, con frecuencia, sus reflexiones personales refuerzan sus dudas: "Sé que no estudié lo suficiente para este examen. ¡No puedo creer que todavía no sepa esto! ¡Ni siquiera sé por dónde empezar! Seguro que lo que viene es todavía más difícil. Seguro que me va a ir mal. En cambio los demás parece que sí saben las respuestas. ¡Es increíble que yo sea tan bruto!" Los buenos estudiantes, por el contrario, ven el problema y empiezan a analizarlo con mucha seguridad personal. "¡Está muy difícil! Pero si logro concentrarme, seguro que encuentro por dónde empezar. De ahí en adelante tengo que conservar la calma y trabajar duro para encontrar la solución. Es como si estuviera armando un rompecabezas. ¡Ya encontré algo, sé que no es mucho, pero al menos puedo empezar!" Este mismo proceso de pensamiento se da y se experimenta en las actividades extracurriculares. Claro está que cuanto más comprometido esté uno con la actividad, más posibilidades hay de enfrentar de modo directo los problemas que se presenten.

Es evidente que muchas cosas están sucediendo cuando su hijo adolescente se compromete con una actividad extracurricular o con un deporte, al menos casi todo lo que se ha analizado aquí y quizá muchas más. Lo mejor que puede hacer usted es apoyar estas actividades, aunque no entienda totalmente lo que está pasando. Además, si su hijo adolescente está especialmente dotado para una actividad determinada, trate de asegurarse de que no la convierta en el núcleo de su identidad. Su estima, y también la de su hijo, está mucho más segura cuando trata de apoyarlo como persona, en el pleno sentido de la palabra, y no cuando depende de lograr el éxito en una competencia o un evento particular, ni en el logro de un objetivo específico.

Capítulo 13

La licencia de conducir

¿Cómo podemos confiar en que nuestra hija de dieciséis años esté lista para obtener su licencia de conducir si ni siquiera puede tener su habitación en orden?

El doctor John Dyckman, psicólogo del desarrollo, afirma que hay dos sucesos en la vida de una persona que pueden cambiar para siempre su visión del mundo. La primera es aprender a caminar. Cuando los bebés dejan de gatear y empiezan a caminar, su perspectiva y su relación con el mundo cambian totalmente. La capacidad de caminar potencia su disposición a la aventura, fortalece su autodeterminación y le proporciona un nuevo horizonte a su curiosidad. El segundo cambio total es la obtención de una licencia de conducir. Si caminar y luego montar en bicicleta significan un cambio drástico en su movilidad, conducir un automóvil es mucho más significativo. Para un adolescente, esto es especialmente fuerte porque ahora tiene un sentido mucho más amplio de lo que significa asumir esta nueva y creciente movilidad. Los adolescentes que logran obtener una licencia de conducir tienen más independencia y más capacidad de decisión en cuanto a qué hacer y adónde ir. Y usted, en cambio, tiene menos control sobre lo que hacen y adónde van. No se trata de un cambio sin importancia.

El ideal sería que los padres empezaran a plantearse el tema de la licencia de conducir cuando su hijo tiene doce o trece años. La pregunta "¿Qué espero ver en mi hijo, en cuanto a su responsabilidad y madurez, para sentir que dentro de tres o cuatro años puedo estar tranquilo si obtiene su licencia de conducir?" sirve de punto de partida para que usted le vaya dando más y más responsabilidades que le ayuden a madurar y a adquirir experiencia, pensando concretamente en la licencia de conducir, no en todo lo demás. Mi propia madre era una experta en este modo de visión hacia el futuro.

> Cuando estaba terminando la primaria, mi madre fue consciente de que yo necesitaba ir aprendiendo a asumir responsabilidades, así que empezó a darme ciertas lecciones. Generalmente, ella estaba en casa cuando yo llegaba de la escuela y entonces me preparaba un sándwich o algo parecido, pero a veces no estaba y me dejaba una nota. Si bien me daba un poco de ansiedad, aprendí a prepararme algo para comer y asumir mi rutina diaria. Mucho más tarde, cuando ya era un adulto, supe que cuando no la encontraba en casa, ella estaba donde alguna de las vecinas del frente y me observaba desde la ventana para asegurarse de que yo estaba bien. Ésta fue una de sus estrategias para enseñarme a manejar mi ansiedad, para que unos pocos años después, durante mi adolescencia, cuando ya ella no iba a tener un control directo sobre mí, yo supiera cómo asumir mis responsabilidades y cómo enfrentar la ansiedad.

Si las cosas se orientan de esta manera, llegar a los dieciséis años y obtener una licencia de conducir no va a significar un cambio dramático en la confianza tanto de los padres como de los adolescentes. Si las cosas no son así, los posibles peligros que implica conducir pueden llegar a abrumar a los padres. Todos lo saben perfectamente: un error puede significar el cambio total de su vida, o incluso terminar con alguna, algo que nadie quisiera tener que sobrellevar.

> Aunque Josh ya está en décimo grado, todavía me resisto a dejarlo conducir más allá de cierto límite cuando sale los fines de semana. Les tengo mucho miedo a los conductores borrachos; además, no quiero ni pensar que él pueda conducir después de beber. Las cosas llegan a un extremo tal, que casi prefiero que mi hijo me odie durante un par de años si con esto puedo asegurarme de que esté a salvo. Prefiero tener que esforzarme por trabajar esta relación durante este tiempo y no tener que enfrentar el dolor y la culpa. Sé que parezco demasiado conservador, y no creo serlo en muchas otras áreas, pero considero que es demasiado lo que puedo perder en este aspecto en particular.

Antes de entrar en los detalles de lo que significa conducir, abordemos otro conflicto que se puede plantear en la relación padres-adolescentes: el tiempo que pasan juntos. A medida que los adolescentes se van haciendo mayores, los padres los ven cada vez menos, lo que es bueno para ellos. De hecho, los adolescentes necesitan separarse de sus padres y acercarse más a sus amigos como parte de su desarrollo normal, pero la mayoría de los padres sienten que no tendrían que hacerlo con tanto deleite.

> Desde que Tom entró en la secundaria, cada día lo vemos menos. Todo empezó cuando todavía se quedaba en casa pero lo que más le interesaba era el teléfono y sus tareas. Y ahora los amigos… parece que todos ya tienen licencia de conducir y pueden disponer del auto a voluntad, entonces vienen a buscarlo por las noches para "salir" un rato. Tememos no volver a verlo nunca cuando obtenga su permiso. Y esto nos entristece, pero Tom se niega a considerar este aspecto. No puede hacer nada distinto a contar los días que le faltan para poder tener su licencia.

Como el tema de la licencia de conducir suscita muchos temores, trate de tener las cosas lo más claras posibles y procure que no se mezcle con otros asuntos. Convertir la posibilidad de conducir el automóvil en un problema de poder no es bueno para nadie. Más bien trate de que éste sea un proceso que exija la responsabilidad del adolescente (esto sí es algo que él pueden controlar) para poder obtener su licencia. Su tarea es consultar, evaluar y quizá darle alguna ayuda en los momentos adecuados. En este sentido, la licencia de conducir es una invitación a asumir una mayor responsabilidad.

> Sé que mis padres nunca me dejarán conducir. Tendré que esperar hasta la universidad... ¡en serio! Cada vez que trato de abordar el tema, su reacción es algo así como: "Tendremos que ver cómo van las cosas cuando llegue el momento". Pero cuando les pregunto, nunca me pueden aclarar de qué "cosas" están hablando. Y para rematar, siempre que me meto en algún problema, ¡me dicen que justamente se trata de ese tipo de "cosas"! Por supuesto que nunca ponen énfasis, ni parecen acordarse, de las cosas buenas que hago. Están locos. Posiblemente ni siquiera se lo voy a decir cuando sea tiempo. No quiero darles la satisfacción de hacer gala de su poder frente a mí.

No es justo transmitirle mensajes confusos a su hijo adolescente y luego enojarse cuando se molesta ante estos mensajes (¡y utilizar después su reacción como ejemplo de las razones por las cuales considera que no está listo para obtener su licencia!). Por ejemplo, ¿quién le va enseñar a conducir y con quién va a practicar? ¿En realidad es usted la persona adecuada? A veces lo más sensato es contratar algún profesional si ninguno de los padres está realmente listo para asumir esta tarea. Éste es también un buen momento para darle más responsabilidad al adolescente. ¿Por qué tiene usted que cargar con todas las responsabilidades, mientras él se queda con todos los beneficios? Adelántese, háblele de la posibilidad de conducir cuando cumpla sus quince años. Plantéele la importancia que esto tiene y anímelo a asumir control del proceso, para que no haya posibilidad alguna de que usted le niegue la licencia cuando cumpla los dieciséis. Invítelo a proponer un plan de acción para lograr su aprobación y la licencia.

> Cuando entré a noveno, mis padres me invitaron a una de las famosas charlas padres-hija. Yo estaba segura de que me iban a hablar de cuando cumpliera los dieciséis. Y eso hicieron, pero fue genial. Me dijeron que yo iba a ser la responsable de obtener mi licencia. Por supuesto, tenía que cumplir con sus requisitos. Después de una charla impresionante acerca de lo que significaba conducir un auto, me dijeron lo mucho que esto los asustaba a ellos. Sabían que sus temores eran justificados pero, a pesar de todo, la posibilidad estaba ahí, por tanto me correspondía tener en cuenta sus temores y tratar de que fueran los menos posibles. Sus requisitos fueron: no aceptaban un bajón de notas antes ni después de obtener la licencia; tenía que matricularme y tomar el curso completo para conductores en una agencia autorizada (ellos se encargarían de los costos); tendría que hablar con la agencia de seguros para conseguir todos los formularios que debíamos llenar (éste trabajo lo haríamos juntos); me correspondería pagar la mitad del costo del ajuste del seguro; me comprometía a conducir diez horas con mi papá, después de terminar el curso y antes de hacer la cita para presentar el examen.

A usted le corresponde el papel de asesor de seguridad en este tema. Señale claramente qué se comprometerá a hacer y cuáles serán las consecuencias de sus actos. Por ejemplo, ningún padre quiere que su hijo adolescente conduzca después de haber bebido y tampoco que se monte en un automóvil cuyo conductor haya estado bebiendo. Éste es un momento en el que las estructuras deben ser muy claras.

> Si llego a saber que has estado conduciendo después de haber bebido, hasta ahí llegamos. No volverás a tener el automóvil hasta que entres a la universidad. Sin excepción alguna. Sin embargo, si te lo llevas y bebes, pero consigues quién te traiga a casa o me llamas, las cosas son diferentes. Esto, por supuesto, supondría otras consecuen-

cias, que no van a tener que ver con el automóvil porque habrías sido muy responsable en ese sentido. Tienes que comprender la diferencia. Si arriesgas tu seguridad personal innecesariamente, no hay negociación posible.

Dentro de estos mismos parámetros, una madre me contó hace poco que suele dejar veinte dólares en un cajón que hay cerca de la puerta principal para que su hija disponga de ellos en caso de necesitarlos para pagar un taxi. Si su hija necesita que alguien la lleve a casa desde cualquier lugar y a cualquier hora, puede llamar un taxi y utilizar los veinte dólares para pagar la carrera.

Sin importar a qué acuerdo lleguen para que su hijo adolescente aprenda y practique, usted no debe modificar su posición, a menos que así lo decida con su hijo de común acuerdo. Recuerde, cuando los adolescentes cumplen los dieciséis años, conducir el automóvil es algo más que un simple sueño, por lo tanto, el acuerdo al que lleguen es importante. Al mismo tiempo, no apresure el proceso simplemente porque no tiene tiempo para planearlo en serio. Busque el tiempo. Después de que su hijo obtenga su licencia lo verá menos que antes, pero lo mismo va a suceder aunque no la obtenga. También hay un porcentaje pequeño de adolescentes (especialmente en las zonas urbanas que tienen acceso a algún medio de transporte público) que no están interesados en obtener una licencia. Esto no quiere decir que tengan algún problema, simplemente proporcióneles el espacio y la independencia para decidir si quieren obtenerla y cuándo.

La licencia no significa simplemente un cambio real en el estilo de vida, también es un cambio simbólico en sus relaciones. La sociedad reconoce a los adolescentes como ciudadanos lo suficientemente responsables como para merecer el privilegio de conducir. No falta mucho para que sus relaciones con su hijo adolescente experimenten un cambio aun mayor, puesto que la graduación y otras decisiones importantes están a la vuelta de la esquina. Por último, como en todos los aspectos de la relación padres-adolescentes, no espere nada perfecto de su parte ni de parte de su hijo. Esto nunca se da. Y cuando usted cometa alguna equivocación, esté dispuesto a asumir su responsabilidad. Dados los grandes riesgos que implica tener una licencia de conducir, es muy posible que usted haga algo equivocado en algún momento. Como siempre, su ejemplo es de vital importancia.

Como conclusión a este capítulo, he incluido un artículo escrito por D. L. Stewart[1], que le ayudará a apreciar la complejidad de este tema y a decidir si usted es la persona adecuada para enseñarle a su hijo adolescente a conducir.

Una clase de conducción

Sé que la tarde va a ser difícil. Cuando le explique al chico de dieciséis años que aprender a conducir un automóvil con cambios mecánicos es simplemente saber que hay necesidad de pasar el cambio a primera, segunda, tercera y cuarta, su reacción será preguntar: "¿Hay algún orden en particular?"

Enseñarle a un chico de dieciséis años cómo dominar la caja de cambios es relativamente fácil. Sólo se necesita la paciencia de la Madre Teresa, el valor de Dave Dravecky y la musculatura del cuello de Mike Tyson. Uno no sabe qué quiere decir 'traumatismo cervical' hasta que no ha estado sentado en el puesto del pasajero junto a un chico de dieciséis años que decide que es buena idea pasar de tercera a retro. Claro está, sin usar el embrague.

Pero cada vez que alguno de nuestros hijos cumple dieciséis, su madre me pasa las llaves del auto y me informa que es tarea del padre enseñarle a su hijo cómo conducir un coche de cambios mecánicos.

"¿Por qué yo?", me quejo siempre.

"Porque yo fui quien hizo el trabajo de parto", me responde. No tiene sentido discutir con una mujer que ha esperado dieciséis años para vengarse.

El primer domingo después de que nuestro hijo cumple los dieciséis me pasa las llaves del auto, y yo lo llevo a un estacionamiento vacío que está junto a un estadio de fútbol. El lugar, obviamente, suele ser frecuentado por padres que les están enseñando a sus hijos a conducir. Y está totalmente lleno de frascos de Valium desocupados.

Siempre me detengo lo más lejos que puedo del estadio. En realidad, confío plenamente en sus capacidades como conductor, pero como el estadio no es realmente grande, siempre hay la posibilidad de que no lo vea.

Después de cambiar nuestros lugares en el auto, lo primero que hago es explicarle cómo funciona el embrague, las revoluciones por minuto y que los cambios están organizados en forma de H.

"Ya lo sé, papi, ya lo sé", dice, con un poco de impaciencia, mete el embrague y pisa el acelerador. Suelta el embrague y el auto da un brinco hacia delante, salta un par de veces y se detiene de improviso.

"¿Hice algo mal?", me pregunta.

"No te preocupes, ya te acostumbrarás", le digo en tono tranquilizador. "La próxima vez mete un poco más el acelerador".

Enciende el contacto de arranque, mete el embrague, pisa a fondo el acelerador y pone en marcha el motor. Si suelta el embrague de inmediato, puedo ver que la aguja del tacómetro llega a la zona roja por tercera vez. Ya no tendré que preocuparme por el estadio. Simplemente sé que iremos en picada contra él.

"Tal vez deberías meter un poco menos el acelerador", sugiero, haciendo mucha fuerza con mis piernas.

Entonces, él logra controlar las revoluciones por minuto a sólo dos millones y suelta el embrague. Damos un salto hacia adelante, el auto da unos seis brincos y se apaga de nuevo. Cuando el motor se tranquiliza y el auto deja de estremecerse, logro salir gateando de la silla trasera y vuelvo a ocupar mi lugar a su lado.

"Lo siento, papi", me dice.

"No tiene importancia", le digo para tranquilizarlo. "Cuando hice esto con tu hermana, terminé en el baúl".

Intenta de nuevo. En esta ocasión, el auto no salta.

Simplemente se dispara. No estoy seguro de cuál es la velocidad máxima de este auto, pero se eleva bastante.

"¿Qué tal lo hice esta vez?", pregunta después de nuestro aterrizaje.

"En realidad, el despegue no estuvo mal, ahora tienes que aprender a aterrizar".

Después de media hora, hemos logrado adelantar unos cuarenta y cinco metros. Después de cuarenta y cuatro saltos.

Por otra parte, tengo que darle crédito al chico. No es algo corriente ser pasajero de un automóvil cuyo conductor logre detener su marcha cuarenta y cuatro veces consecutivas sin necesidad de tocar el freno ni una sola vez.

[1] D. L. Stewart. "On Being a Dad: A Teen's Lesson in Lurching", en *San Francisco Chronicle,* Agosto 2, 1991. Utilizado con autorización.

Capítulo 14

Cambios en la alimentación y trastornos alimentarios

Mi hija, que es bastante delgada, parece comer menos cada día, y yo tengo la impresión de que está perdiendo peso, ¿qué estará pasando?

Aquí, en realidad, las preguntas son "¿Estará mi hija sufriendo algún trastorno alimentario?", o más concretamente "¿Cómo le digo que está sufriendo un trastorno alimentario?" y, si éste es el caso, "¿Qué puedo hacer yo para ayudarle?" Estas preguntas no son fáciles de responder. Se trata de un área muy delicada, tanto para los padres como para los educadores. Por otra parte, muchos padres piensan:

> Es mejor no decirle nada hasta que no esté absolutamente seguro, pues no es mi intención ofenderla y, sin darme cuenta, alejarla más aun. Quizá es algo pasajero, y si me hago el tonto puede que las cosas mejoren, como cuando estaba saliendo con el tal Bobby. Logré controlarme y, en efecto, ella lo dejó por su propia voluntad. Además, está creciendo rápidamente, por tanto, es posible que yo esté exagerando. Mejor espero hasta estar seguro.

Otros padres piensan:

Tengo que confrontarla inmediatamente. Si me hago el tonto, lo único que voy a lograr es que las cosas empeoren. Por tanto, estaré siendo un padre irresponsable. Y esto no es todo, creo que tengo que llevarla a donde un terapeuta lo más pronto posible. O, al menos, llegar a un acuerdo con ella que me permita controlar cómo van las cosas.

El problema es que ninguna de estas dos estrategias suele tener éxito. Quizá sea posible pasar por alto el problema, con la esperanza de que las cosas mejoren, pero sólo por muy poco tiempo, porque cuando en realidad hay un trastorno alimentario es necesario hacer algo más. También es posible que el problema haya empezado mucho tiempo antes de que los padres empiecen a darse cuenta. Los padres suelen ser los últimos en enterarse, por dos razones. Primero, como ven a su hija todos los días, es difícil notar la pérdida gradual de peso. Segundo, como no quieren ver que esto le pase a su hija, su impulso natural será no darse cuenta. (Si usted cree que su hijo adolescente puede estar sufriendo un trastorno alimentario es importante que busque la asesoría de un profesional y que trate de informarse sobre este problema. Un trastorno alimentario no es algo que pueda enfrentarse exclusivamente en familia.)

¿Por qué se presentan los trastornos alimentarios y qué está tras de ellos? Los trastornos más comunes son la bulimia y la anorexia. La bulimia se caracteriza por una tendencia al vómito inducido y/o a abusar del consumo de diuréticos, generalmente después de una gran "comilona". Estas comilonas suelen tener lugar después de aguantar hambre o después de hacer unas dietas demasiado estrictas durante períodos largos, y son vistas como un indicio de falta de voluntad, lo que la persona bulímica trata de "arreglar" provocándose el vómito. Con este misterioso círculo vicioso, las bulímicas no sólo se hacen daño, sino que se sienten muy mal consigo mismas por haber incurrido en la tentación de comer en exceso. La bulimia va minando la confianza en sí mismas y el desarrollo de su identidad personal.

La anorexia es la distorsión de la imagen que la persona tiene de sí misma, y esto la conduce a someterse voluntariamente a aguantar hambre. Suele estar acompañada por el ejercicio extremo y riguroso, por lo general correr o hacer aeróbicos. También puede, aunque no necesariamente, venir acompañada de un comportamiento bulímico. Y, lo que es más preocupante aun, las víctimas más frecuentes de estos dos trastornos alimentarios suelen ser chicas brillantes, creativas, talentosas y emprendedoras. En síntesis: el tipo de hija con la que sueñan todos los padres.

Durante la secundaria, generalmente en los últimos años, un número considerable de adolescentes intenta introducir ciertas modificaciones en su dieta. Al principio, es un comportamiento seductor que les proporciona cierta sensación de logro y capacidad de autocontrol, una clara diferenciación frente a los sentimientos incontrolados de la adolescencia.

> No soy bulímica, ni nada parecido, pero sí intenté experimentar con el vómito provocado. ¡Odié la experiencia! Sin embargo, todavía hay ocasiones en las que no como prácticamente nada durante unos cuantos días. Casi siempre lo hago para tratar de perder unos pocos kilos (¡aunque sé que no sirve para nada!). También lo hago para sentirme bien conmigo misma. Es como probarme que tengo capacidad de autocontrol y mucha fuerza de voluntad. Ahora entiendo cómo podría llegar a volverme adicta.

También existe la idea (reforzada por los medios de comunicación y los valores culturales) de que "es mejor ser delgada" y que cuando las adolescentes logran adelgazar pueden ser más atractivas y populares; idea que suele ser reforzada por la atención que reciben cuando están perdiendo peso.

> Mucha gente se dio cuenta y me felicitó, incluso personas que apenas conocía. Hasta mi padre se dio cuenta y me dijo algo positivo, lo que en realidad me disparó. Fue un poco extraño, porque aunque todo el mundo se daba

> cuenta, eso no me sirvió de nada, porque mis estándares eran mucho más altos que los de todos los demás.

Los padres tienen que ser muy cuidadosos con los mensajes que les envían a sus hijos adolescentes en lo relacionado con la comida y con el peso. Puede ser peligroso tomarle el pelo "juguetonamente" a una chica porque se está engordando cuando se está comiendo un trozo de pastel. En realidad, ellas son muy sensibles y esta actitud sólo logra exacerbar sus sentimientos, sin importar cuán cariñosa sea su intención.

> Me gustaría poder decirle a mi mamá cuánto me hieren sus comentarios o sus gestos de desaprobación cuando me estoy comiendo un postre. Creo que en el fondo esa no es su intención, pero en realidad me hace sentir fatal.

Por último, en la ambigüedad y el continuo movimiento del mundo adolescente, el peso es algo que puede ser controlado en forma pragmática porque es tangible y mesurable. Siempre hay una posibilidad de verificarlo con un alto grado de precisión.

> La balanza nunca miente. Todas las mañanas, cuando me levanto, me peso para ver si mi peso ha variado. Si he perdido unos cuantos kilos, aunque sean muy pocos, me siento estupendamente. Si no hay cambio alguno, me siento más o menos normal. Pero si he ganado algo de peso, aunque sea mínimo, me siento furiosa conmigo misma y hago planes [hacer ejercicio y no comer] para perder en el día lo que he ganado.

Además, como el peso y la comida se convierten en el centro de atención en la vida de las adolescentes, es posible que canalicen toda su ansiedad en el tema del peso, para evitar así tener que afrontar otros temas más ambiguos pero más necesarios (en los Capítulos 2 y 3 encuentra más ejemplos sobre estos temas).

> Después de cierto tiempo, yo no podía pensar en nada distinto a la comida: qué había comido o dejado de co-

> mer durante el día, qué iba a comer o dejar de comer después y qué comería al día siguiente. Llegué incluso a aceptar o rechazar algunas invitaciones simplemente por el tipo de comida. Si se trataba de una reunión para comer, siempre decía que no, pero si la idea era simplemente tomarnos un café, aceptaba. Las bebidas alcohólicas y las drogas en realidad no entraban en mi panorama, pues me daba miedo perder el control y llegar a meterme una buena panzada. Ese tema se convirtió en el eje de mi vida. Y como estaba tan absorbida por él, bloqueé todas las otras preocupaciones o asuntos que, de otro modo, habría tenido que enfrentar todos los días, como son los amigos y el sexo, y lo que es más importante aun, qué quería hacer con mi vida y quién quería llegar a ser.

Entonces, ¿qué hacer si sospecha que su hija adolescente sufre de un trastorno alimentario? En algunas ocasiones se tienen buenos resultados si se aborda el tema directamente, pero también (y con la misma frecuencia) es posible que este modo de proceder deje a los padres con la sensación de haber chocado contra una muralla impenetrable.

> Cuando hablé con mi hija acerca de sus hábitos alimentarios, me miró como si yo fuera una extraterrestre. La mirada que me lanzó fue tan cortante que me atravesó como una puñalada, y después hizo caso omiso del tema. No le he vuelto a hablar de ello desde entonces.

Lo que debe tratar de hacer es buscar el momento adecuado para plantear la pregunta. Lo más importante es que usted comprenda que una posible enfermedad está al acecho, o que ya se ha apoderado de su adolescente. No es simple debilidad o falta de fuerza de voluntad. Cuando hable con su hija, ella necesita comprender y sentir que no la está acusando y que tampoco cree que esté procediendo mal. Si se logra crear este ambiente, muchas adolescentes responderán con honestidad, incluso es posible que experimenten una sensación de alivio. Algunos padres han tenido éxito al escribirle una carta en la que le expresan su preocupación y su deseo de darle apoyo. De este modo, allanan el terreno para la conversación.

> Inicialmente, quería que fuera un secreto: no estaba comiendo casi nada. Pero cuando las cosas se me salieron de las manos, quise hablar con mis padres para que me ayudaran. Pero no lograba hacerlo. Sería demasiado humillante. Entonces les di toda clase de pistas (les conté todo el ejercicio que hacía, les dije que no comía con ellos porque no sentía hambre, que me gustaba llevar trajes ceñidos al cuerpo para lucir lo delgada que estaba, además les dije que había personas que me habían dicho que había adelgazado mucho), hasta que por fin tuvieron que hacerme la pregunta. Incluso entonces, mi primera reacción fue de ira, pero por fin logré decirles lo que me pasaba.

De hecho, cuando ya se ha cimentado el cambio en la cantidad de comida que se ingiere, es posible que el problema se haya instalado en el adolescente. Por tanto, en el proceso de recuperación, quizá lo último que modifique sean sus hábitos alimentarios.

> Cuando les dije a mis padres que estaba anoréxica, ellos entraron en pánico y no comprendieron lo que les estaba diciendo. En realidad, me apoyaron, y esto fue agradable, pero también eran demasiado ingenuos en relación con lo que yo necesitaba. Todos los días me preguntaban qué había comido, me preparaban comida para llevar al colegio, insistían en que cenara con ellos. Todos estos intentos resultaron contraproducentes. Mi anorexia era tan severa que cuando me preguntaban qué había comido, ella [la anorexia] me impulsaba a mentir. Regalaba los deliciosos almuerzos a la gente que me encontraba en el camino a la escuela. Además, si cenaba con mis padres, lo que hacía inmediatamente después era vomitar.

Piense en la anorexia como en cualquier otra enfermedad que puede atacar a su hija. Si ella estuviera aletargada y durmiendo todo el tiempo, seguro que no le preguntarían si tiene mononucleosis. La llevarían al médico. Haga lo mismo con los trastornos alimentarios; en muy pocas ocasiones es posible hacer un diagnóstico certero en casa. Póngase en contacto con su médico y comuníquele sus temores. Si su médico considera que puede abordar el tema, pídale una cita y lleve a su hija para que le haga un chequeo general. Es casi seguro que el médico podrá detectar los síntomas de la anorexia o de la bulimia y hacer un diagnóstico confiable. A partir de ese momento, quizá se pueda trazar, entre el médico y la chica, un plan de tratamiento. Los padres, por lo general, juegan un papel secundario en este tratamiento, que muchas veces incluye algún tipo de psicoterapia.

> La doctora fue buena para mi hija, pero mejor para nosotros. Nos llevó cierto tiempo, pero logró convencernos a mi esposo y a mí de que lo mejor sería que no tocáramos el tema de la comida con Susan. Nos aconsejó que se lo dejáramos a ella y a su terapeuta. Lo que se pedía de nosotros era que estuviéramos dispuestos a apoyarla, que le hiciéramos sentir todo el amor que sentimos por ella y que la dejáramos asumir sus responsabilidades como lo haríamos con cualquier otro adulto joven. También nos dijo que era posible que necesitara nuestra presencia en algunas sesiones, pero que sólo lo hiciéramos cuando nos invitara. En realidad, nos prestó una ayuda inmensa.

En general, he utilizado el pronombre femenino en este capítulo porque el 90% de los adolescentes que padecen esta enfermedad son mujeres. Posiblemente el problema de los chicos que más se aproxima a este trastorno es el fisicoculturismo llevado al extremo. Unos músculos exageradamente desarrollados construyen una armadura emocional alrededor de sus víctimas. En lugar del ayuno exagerado, los chicos suelen recurrir a los esteroides.

David Epston, terapeuta neozelandés, y Michael White, terapeuta australiano, plantean que los trastornos alimentarios son entidades separadas que se apoderan del cuerpo y de la personalidad del afectado. Esta aproximación suele ser útil para abordar el tema con los adolescentes, puesto que les permite ver la enfermedad como un agente externo y no como algo que surge de su interior. Además, así es como la víctima percibe el trastorno alimentario. A continuación, un ejemplo del tipo de carta que yo le escribiría a una adolescente que padece anorexia.

Querida __________:
Nuestra conversación me permite pensar que estás intentando luchar contra la tiranía que ejerce la anorexia sobre tu vida. También comprendes que se trata de un proceso duro y largo. Por esta razón, necesitas todo el apoyo que se te pueda brindar. Y esto quiere decir que debemos intentar hacer una separación clara y tajante entre lo que te sostiene como persona y lo que, no sabemos cómo, sostiene la anorexia. Ya sabes que no se trata de algo evidente, como parecía a simple vista.

Es claro que quieres que tus padres te apoyen, pero los esfuerzos realizados hasta el momento no han sido exitosos. Has insistido en que te den comida que no engorde, has tratado de evitar los compromisos familiares cuando el motivo es la comida, has hecho ejercicio hasta extenuarte delante de ellos, pero todavía no has logrado que te brinden la atención que necesitas. Además, consultaste un médico para ver si encontrabas cómo tratar el tema abiertamente con tus padres, pero los resultados fueron fatídicos porque todo lo que él hizo fue concentrarse en tu vegetarianismo y referirte a un nutricionista... como si tú necesitaras alguna ayuda externa para dirigir tus hábitos alimentarios.

Aunque tu piel está ligeramente amarillenta, tus muñecas muy flacas, tu cabello empieza a caerse y has perdido diez kilos en los últimos seis meses, nadie parece estar dispuesto a darse cuenta de lo que está pasando. Todos quieren mirar para otro lado, con la esperanza de que se trate simplemente de "otra de esas etapas". Quizá la estrategia no estaba mal para la fase inicial, pero ya estás muy lejos de esos inicios. Para completar, la poca atención que le han dado tus padres a tu anorexia se traduce en una serie de mensajes contradictorios: tu mamá está muy enojada porque haces esa dieta sin grasas, ¡pero te llama la atención si comes un taco con queso y *sour cream*! A tu papá le preocupa que hagas tanto ejercicio, pero te felicita por lo bonita que te ves (y en lo que a esto respecta, ya te has podido dar cuenta hasta qué punto el concepto de la "belleza delgada" se ha apoderado de la mente de la gente, especialmente de los hombres).

Temes que si logras hacer acopio de fortaleza para contarles a tus padres que estás anoréxica, inconscientemente los estás invitando para que actúen como tus "monitores alimentarios", posibilidad que, muy comprensiblemente, te aterroriza. En realidad, te gustó mucho lo que sucedió con Karen y su anorexia. Cuando su enfermedad fue reconocida, empezó a ir a consulta con un terapeuta y con su médico. El terapeuta le cayó muy bien. Charlaban sobre los distintos sucesos de la vida y muy pocas veces tocaban el tema de la comida. El médico sólo le planteaba preguntas relacionadas con la anorexia. Su actitud fue muy firme y le planteó un límite de peso al que podía llegar, pues si bajaba un punto más, tendría que ser hospitalizada de inmediato y permanecería en la clínica un mes, como mínimo. Karen sabía que no hablaba en chiste. Lo que más te gustó fue que le prohibiera a su familia, especialmente a sus padres, hablarle de comida o de la anorexia. De hecho, insistió en que Karen comiera lo que quisiera, en donde quisiera y a la hora que quisiera. A sus padres les estaba prohibido insistirle que comiera con ellos. El único autorizado para hablar de comida era el médico. La verdad es que él fue la persona con la que ella pudo ser totalmente abierta, grosera, respondona e incontrolada... ¡todo esto sin sentimientos de culpa!

Tus amigas. Las necesitas más que nunca, pero comprendes que es difícil llegar a ti y que las intimidas. La anorexia, que poco a poco se va apoderando de tu mente, es como una especie de neblina que se extiende a tu alrededor. Literalmente, te ubica un paso atrás de todas las conversaciones y te hace malinterpretar todo lo que sucede a tu alrededor. De hecho, el frío que despide esa neblina te empuja a refugiarte cada vez más en tu propio mundo y en el mundo de la anorexia, y éste tiene un horizonte único: el mundo de la comida, las cantidades de grasa, las calorías y una mayor planificación en las comidas. Sin embargo, cuando tus amigas lograron superar su timidez en lo relacionado con la alimentación y pudieron volver a concentrarse en ti, trataron de apoyarte. Si bien no te gustaba que te ofrecieran comida ni que te animaran a comer, sí valoraste sus intenciones. También comprendiste por qué, al no ver resultados, dejaron de ofrecerte su apoyo. Te sentiste abandonada, en cierta medida, pero no fuiste capaz de decirles claramente lo que necesitabas: su cariño y apoyo incondicional en esta dura prueba, aunque no supieran cómo ayudarte directamente. ¡Si sólo hubieras logrado hacerles ver que la anorexia era una especie de neumonía a largo plazo! De cualquier modo, ellas se sintieron desanimadas y, debido a los efectos distanciadores que tiene la anorexia, se alejaron de ti.

Tus profesores. Cosa rara, ellos han sido el mejor sistema de apoyo con el que has contado hasta el momento. Sorpresivamente, la profesora Nelson se dio cuenta de lo que te estaba pasando, habló contigo abiertamente y te ofreció su apoyo. Fue un gran alivio que alguien se diera cuenta de lo que te estaba pasando sin que tuvieras que decirlo. Además, ella no tuvo temor alguno de hablar contigo y parecía muy comprensiva y no tenía actitud de juez. De hecho, fue gracias a ella que decidiste hacerle frente a la anorexia y por eso viniste a mi oficina para que te diera algunas ideas y el nombre de algún terapeuta. Ése fue un gran paso.

Cuando nos separamos, quedó claro que íbamos a tratar de decidir cómo poner a tus padres al corriente de la situación, sin que esto significara fortalecer más la anorexia. Discutimos distintas posibilidades: podías escribirles una carta (una charla suele desviarse y tomar rumbos poco deseables pero aparentemente inevitables); podíamos invitarlos a mi oficina para que pudieras decírselo aquí; o podíamos invitarlos a mi oficina para que yo hablara con ellos sin que tú estuvieras presente. Ahora la decisión está en tus manos. Si bien anhelas todo el apoyo posible, también eres completamente consciente de que eres la única que puede dar este primer paso contra la anorexia. Tú tienes la última palabra: cuándo, en dónde y cómo.

Aquí nos quedamos ayer. Desde ese momento, sin embargo, he podido pensar en unas cuantas preguntas que hubiera querido hacerte cuando estuviste aquí. Son las siguientes, y decidí recurrir a esta carta porque creo que pueden serte de utilidad en la decisión de cuál será el paso siguiente: ¿Cómo lograste superar los efectos paralizantes de la anorexia para presentarte voluntariamente en mi oficina y solicitar mi ayuda? Le das mucho crédito a la señora Nelson, pero sospecho que hay algo más. Por ejemplo, ¿pudiste dar un paso tan trascendental porque el concepto que tenías de ti misma cambió? Si éste es el caso, ¿cómo te valorabas antes? ¿Y cómo lograste hacerlo si la anorexia estaba ahí al acecho?

Nos vemos pronto, Mike.

Capítulo 15

Los adolescentes y el duelo

¿Hay algún patrón que describa el proceso del duelo de los adolescentes que han pasado por la experiencia de la muerte de alguno de sus padres o de otro ser querido?

La muerte de un ser amado es una catástrofe emocional que no puede ser minimizada ni racionalizada, y es una experiencia que viven muchos adolescentes. Cómo se enfrenta la pena es algo particular y, a la vez, un proceso muy similar al que viven los adultos. Sin embargo, los horizontes en conflicto de la adolescencia, junto con la interdependencia de los miembros de la familia, hacen que los adolescentes sean particularmente vulnerables y se vean afectados no sólo por una pérdida profunda y significativa, sino también por una modificación de las responsabilidades familiares y de la cotidianidad.

> Después de la muerte de mi padre, mi relación con mi madre maduró mucho. Teníamos que hablar de muchas cosas de la vida diaria: de las responsabilidades en el manejo de la casa, de las finanzas familiares y del comportamiento de mi hermanita en el colegio. Mamá seguía siendo la mamá y yo seguía siendo su hijo, pero también éramos diferentes. Teníamos que confiar más el uno en el

> otro. Ella tenía que trabajar mucho y, por lo tanto, a mí me tocó asumir más responsabilidades en casa. Tuve que encargarme de preparar muchas de las comidas y hacer parte de la compra. Fue raro al principio, pero me alegro de que ella hubiera recurrido a mí como lo hizo, aunque fuera porque estaba desesperada.

Es claro que hay unos estadios en el proceso del duelo (la escritora Elizabeth Kübler-Ross identifica cinco estadios: negación, ira, negociación, depresión y aceptación). Sin embargo, estos estadios no se experimentan separadamente ni en un orden lineal específico. Las personas suelen moverse de un estadio a otro con distinta intensidad. Hay personas que se quedan estancadas en uno de ellos, y otras que simplemente no pasan por ninguno. No hay orden posible para el dolor, y la naturaleza volátil de la adolescencia hace que el proceso sea muy particular (ver Capítulo 2).

> En realidad, pasó mucho tiempo antes de que lograra creer que Sharon [una amiga que murió en un accidente] había muerto. Simplemente, no quería creerlo. No podía manejar esta situación. Su muerte ocurrió hace tiempo, y aunque me he sentido deprimida y furiosa a veces, todavía hay muchos momentos en que no puedo creerlo. Es algo extraño, hay momentos en los que tengo que recordarme a mí misma que ella está muerta.

Pero dada la naturaleza de la muerte, la ambigüedad es parte del proceso de duelo: cuesta mucho saber qué pensar o qué sentir. Esta ambigüedad es muy dura para los adolescentes, porque ellos son relativamente inexpertos en tales conceptos. Por otra parte, no han generado mecanismos para enfrentarlos. De cualquier modo, la ambigüedad lleva a adoptar comportamientos que necesitan ser identificados, especialmente en lo que respecta a los cambios de humor.

> Durante al menos cinco meses [después de la muerte de mi hermana], estuve hecha pedazos. A veces me estaba riendo con mis amigos y de pronto me encontraba llorando, pero llorando a mares, sin poderme controlar. Todos nos quedábamos aterrados. Otras veces, era como si tuviera un *chip* en el hombro, parecía estar buscando algo o alguien contra quién estallar. Y, otras veces, tenía tanta energía que no podía ni siquiera dormir, y otras me costaba incluso levantarme de la cama. Pero la peor parte fue que no era capaz de tomar ninguna decisión. ¡Mi indecisión era tal que me iba volviendo loca! El peor incidente de todos fue un día en una pizzería, de repente estallé en llanto porque no podía decidir qué pizza quería. Gracias a Dios mis amigas estaban conmigo.

Si bien el proceso de duelo sigue un cierto patrón, también es cierto que cada persona lo vive de un modo particular. No hay nada que sea correcto ni incorrecto. Algunos adolescentes hablan mucho y su emotividad está a flor de piel; otros se dedican a la actividad física (especialmente a los deportes), y otros se refugian en sí mismos. Algunos concentran sus esfuerzos en algún aspecto de su vida (los estudios, los deportes, la música), y otros introducen cambios radicales en su estilo de vida. He podido observar que, con frecuencia, los adolescentes reaccionan tratando de reducir su mundo. Esto es, concentran su atención en una o dos cosas que de repente emergen de su abanico normal de actividades. Esta reducción de su mundo les proporciona una mayor sensación de control frente a un evento incontrolable, y es una reacción saludable y útil.

> Después de la muerte de mamá, todo parecía raro. Nada parecía real. Pero poco tiempo después me concentré en mi trabajo académico. Los estudios se convirtieron en una prioridad real para mí; por tanto, dejé de lado algunos de mis otros intereses… Ese año obtuve mejores notas que

nunca. Fue lo contrario de lo que todos esperaban, incluyéndome a mí mismo.

O,

Al principio, después de que mi papá muriera, yo odiaba estar solo; siempre quería estar rodeado por los demás. Les contaba a todos cómo me sentía. Pero unas cuantas semanas después del entierro todo lo que quería era estar solo. Rechacé a todo el mundo, exceptuando a mis dos mejores amigos. Pero incluso con ellos casi nunca hablaba de papá. Por alguna razón, lo único que quería era estar solo la mayor parte del tiempo. Ya no me interesaba lo que les interesaba a mis amigos, todo me parecía muy superficial. Además, quería que mi vida fuera menos complicada, no más complicada.

La manera en la que un adolescente reacciona frente a la muerte puede atribuirse a un número de variables interrelacionadas: cómo eran sus relaciones con la persona que murió, qué experiencias había tenido con la muerte, el tipo de muerte (repentina o prolongada), las reacciones de las personas que lo rodean, las reacciones de sus amigos con él, y su personalidad. Sin embargo, logra manejar su dolor, aunque es un proceso a largo plazo (más largo cuanto más cercana fuera la persona). No se trata de una experiencia de dolor que sufre y supera en unas pocas semanas o meses. Es una experiencia de su vida que se asienta profundamente en él, y cuando muere otra persona amada, recuerda la muerte anterior como otra experiencia y como parte de su proceso de duelo. (Ver Diagrama 1: Parachoques del estrés, en la página 34.)

Entonces, ¿qué puede ayudar? El tiempo y una constante invitación a conversar. Proporciónele todo el tiempo posible, ya sea acompañándolo a hacer diligencias, ayudándole con las tareas en casa o acompañándolo a espectáculos o eventos deportivos. Y aunque le esté dando todo el tiempo posible, no se ofenda cuando le diga que "no". Acepte amablemente la negativa, pero no deje de invitarlo en el futuro. Hable con él acerca de lo que sucedió y no trate de quitarle su ansiedad ni su tristeza, pero tampoco ponga énfasis en éstos.

> Más o menos un mes después de la muerte de mi hermana Cheryl, salí un día a caminar con papá. Hubo un momento en el que su voz se timbró un poco y me dijo que quería que habláramos de Cheryl. Su intención no era forzarme, pero quería que supiera que siempre podríamos hablar de ella. No quería hacerse el sordo conmigo, pero tampoco quería obligarme a hablar. Sentí incluso un poco de miedo porque pude darme cuenta de que estaba tan confundido como yo. Pero, al menos, nos teníamos el uno al otro, y esto nos ayudó mucho.

También debe tener presente que durante algún tiempo el adolescente estará viviendo un proceso de reorganización interna.

> En realidad, no pensé que la muerte de mi padre [yo estaba en octavo grado] me hubiera afectado tanto. Sólo después de la graduación hice una especie de retrospectiva de mi paso por la secundaria. Entonces fue realmente obvio. Era como si mi vida hubiera estado orientada hacia una dirección y, a partir de su muerte, todo hubiera cambiado repentinamente hacia otra dirección. Ni mejor, ni peor, simplemente diferente. De verdad fue muy sorprendente darme cuenta de ello.

Y,

> Aunque mi hermano murió en la primavera, la primera Navidad después de su muerte fue muy difícil. Fue muy triste y deprimente. Me volví bastante cínico frente a esas festividades a partir de entonces.

Es importante que comprenda que para la mayoría de las personas los efectos más profundos de la muerte de un ser amado suelen hacerse evidentes un par de meses después. Hasta entonces, la mayoría de las personas están tan abrumadas por el suceso y el impacto producido en los demás, que no tienen tiempo ni espacio para hacer su propio proceso. Asegúrese de estar disponible para su hijo adolescente, porque en esos momentos le sirve y le ayuda mucho tener compañía y con quién hablar.

> Los amigos, los vecinos y la familia nos prestaron mucha atención cuando papá murió. ¡Nos traían hasta la comida! Casi todas las personas que conocíamos nos trajeron todas las comidas durante el primer mes. Fue tan sorprendente que casi no podíamos darnos cuenta. Sólo fue después de unos pocos meses que la muerte de papá me golpeó. De repente, toda la familia, incluso yo, estábamos metidos en una rutina de la que papá no hacía parte. Era como si hubiera un hoyo enorme en todo lo que hacíamos. Esos meses fueron los más difíciles. Y, por supuesto, para entonces ya todos habían retomado sus actividades y su propia vida, y, claro, habían dejado de hablarme de papá. Yo no me di cuenta del vacío enorme sino hasta cuando todo este apoyo había desaparecido. Fue entonces que tuve que enfrentarlo solo, y fue una verdadera lata.

También debe estar alerta, porque suelen aparecer ciertas señales o "banderas rojas" que le indican que su hijo adolescente está necesitando su atención y su ayuda en el proceso del duelo. Por ejemplo, es posible que se sienta abrumado y asuma ciertas actitudes autodestructivas, ya sea abierta o sutilmente, como faltar a clase (en algunas ocasiones puede llegar al punto de arriesgar el año escolar), beber mucho o consumir drogas, adoptar actitudes agresivas con los demás (peleas) o consigo mismo (suicidio). (Ver el Capítulo 20 para más información al respecto.) Éstos son indicadores de que la salud y la seguridad están en riesgo, y es importante que usted intervenga directamente. Además, puede necesitar el apoyo de alguien más, a veces de un consejero profesional.

> Durante cierto tiempo después de la muerte de mi madre estuve bastante loco. Me emborrachaba y hacía muchas

> cosas arriesgadas: caminaba sobre el borde de tapias muy altas, robaba en tiendas de licores, conducía a velocidades increíbles y hablaba mucho en clase, cuando iba. Hasta que un par de maestros, el entrenador de mi equipo de fútbol y mi papá me llamaron a una reunión y me confrontaron. La escena fue horrorosa. Finalmente, mi papá y yo fuimos adonde un psiquiatra durante algún tiempo; muchas veces íbamos los dos juntos. También fue una ayuda para él, porque en realidad no estaba mucho mejor que yo. Si no hubiera sido por esto, quizá yo estaría muerto o me habrían echado de casa.

Por extraño que parezca, y aunque el proceso sea muy difícil, los adolescentes tienen una gran capacidad de adaptación y después de enfrentar pruebas muy duras llegan a ser más fuertes e ingeniosos, siempre y cuando se les respete su ritmo. Muchas de las personas que han tenido que enfrentar penas o dificultades serias de cualquier tipo afirman que el sufrimiento los hizo más fuertes y los llevó a ver las cosas con más profundidad.

Por último, al hablar con los estudiantes acerca de la muerte de algún ser querido, he podido ver que suele ser muy útil para ellos elaborar el duelo por su cuenta (sin sentirse nunca abandonados). El mensaje implícito es que ellos son capaces de manejar la situación y que usted confía en ellos. También necesitan determinar cómo seguir viviendo sin olvidar a la persona muerta. Con frecuencia, les doy una carta que sigue más o menos el siguiente formato, para que la lean con calma y la relean un tiempo después. En este caso, la carta hace referencia a la muerte de la madre del adolescente.

> Querido ________:
> Para tratar de aceptar la muerte de un ser amado, las personas suelen decir que hay que "dejar que el tiempo pase" o "seguir adelante", y lo hacen con la mejor intención. Quieren que vuelvas a ser tú de nuevo, que vuelvas a ser feliz y que vivas tu vida plenamente. Sin embargo, estas afirmaciones suelen llevar implícito el mensaje de que la

persona está muerta, de que la relación con ella terminó y de que la vida es para los vivos. Si bien esto es totalmente cierto, tampoco es toda la verdad.

Cuando tu madre vivía, la relación que tenías con ella era importante y vital para ti. Después de su muerte, tú tienes la sensación de que la relación se ha ido con ella, aunque esto no debe ser así. Para "seguir adelante" y "dejar que el tiempo pase", es posible que necesites establecer una nueva forma de relación con ella para reemplazar la otra. Tu madre era demasiado importante para que puedas simplemente olvidarla, y muchas personas no pueden "seguir adelante" hasta no estar seguras de que no van a olvidar. Pero muy pocas veces se habla del proceso de elaboración de esta nueva relación, aunque es algo natural. En ella se trata de hacer que tu madre se integre dentro de ti, dentro de tu imaginario. Es como si le hicieras un pequeño espacio en tu interior, un espacio al que tú puedes recurrir cuantas veces lo desees. Puedes creerme, no es tan disparatado como suena.

Tú conocías muy bien a tu mamá, lo suficiente como para saber cómo respondería en determinados casos. Sabías cómo reaccionaba y qué sentía cuando te portabas mal. Sabías cómo complacerla. También sabías cómo tomarle el pelo, cómo hacerla reír, cómo irritarla. Hay muchos otros pequeños detalles de su carácter y de su idiosincrasia que tú conocías muy bien y que vienen a tu mente cuando piensas en ella. También hay muchas otras cosas que sabías de ella, aunque por momentos parecería como si no las recordaras. En parte lo que quiero con esta carta es ayudarte a recordar algunos de los aspectos que conocías muy bien para que logres que, de alguna manera, ella siga presente dentro de ti. El recuerdo que tienes de ella seguramente es vivo y dinámico hoy, pero contrasta con un recuerdo pasivo y aparentemente estancado del pasado.

Teniendo esto presente, toma tu tiempo para reflexionar sobre lo siguiente. Es posible que quieras darle vueltas y vueltas en tu cabeza a todo esto. Quizá también surjan algunas ideas nuevas que te ayuden a crear una memoria viva de tu mamá. Haz lo que sientas que más te ayude. (Sin embargo, si algo nuevo se te ocurre y crees que te puede ayudar, por favor házmelo saber para que veamos si es posible añadir algo a esta carta para ayudar a otras personas.)

¿Cuáles son los momentos, especies de instantáneas, que recuerdas con más placer? Y ella, con respecto a ti, ¿cuáles serían sus instantáneas favoritas? Y si pensamos en los dos juntos, ¿cuáles serían?

¿Alguna vez te sorprendió mucho que dijera o hiciera algo? ¿Sirvió esto para que la comprendieras y la valoraras más? Y tú, ¿alguna vez hiciste o dijiste algo que la sorprendiera mucho? ¿Descubrió ella en ese momento algo nuevo en ti?

¿Hay alguna canción, libro, poema u obra de arte que asocies con ella muy especialmente? En caso contrario, intenta recordar algo. ¿Qué de ella se hace presente en ti cuando haces la asociación?

¿Cuál rasgo o característica tuya apreciaba ella en particular? ¿Te lo hizo saber? ¿Cómo? Y tú, ¿reaccionaste en alguna forma?

Espero que estas preguntas te ayuden a construir este nuevo modo de relación con tu madre, algo que te permita sentir que ella vive dentro de ti y que tú también vives en ella.

Te deseo lo mejor, Mike.

Capítulo 16

Divorcio

¿Cómo afecta al adolescente el divorcio de sus padres?

Así como no hay un patrón común de divorcio en los adultos, tampoco se puede generalizar la experiencia de los adolescentes. El divorcio es uno de esos fenómenos que dominan el horizonte total del adolescente de modo intermitente, antes y después de que éste se haga efectivo. El adolescente, por lo general, presiente lo que está por venir; muy pocas veces he hablado con algún adolescente cuya sorpresa sea total, no importa qué tan discretos hayan sido sus padres.

> Yo sabía que se iban a divorciar, antes de que ellos hicieran la más mínima mención de sus intenciones. Hay muchos indicadores, todo lo que uno necesita es fijarse en ellos: conversaciones que se interrumpen cuando uno entra en su habitación, lágrimas en las charlas telefónicas, peleas tarde en la noche, separación de cuentas bancarias y, por lo general, miradas muy tristes y rostros ojerosos.

Los adolescentes reaccionan de diversos modos. Algunos tratan de que la relación de sus padres mejore prestándoles más apoyo y siendo más cariñosos con los dos. La esperanza es que si ellos se portan bien, sus padres se pacificarán y lograrán ser más amorosos el uno con el otro. Los adolescentes se crean el espejismo del control al pensar que si son muy buenos quizá logren mantener unida a la familia.[1] Otros, al experimentar la falta de concordia y atención en casa, empiezan a actuar de modos muy diversos: algunos tratan de intervenir abiertamente en el proceso, otros descuidan el trabajo escolar, otros pelean con los profesores y con los entrenadores, otros se deprimen. Los adolescentes deben enfrentar la realidad. No pueden hacer nada en relación con el divorcio inminente y esto les produce mucho estrés.

Durante el proceso real de divorcio, la mayoría de los adolescentes están abrumados y confundidos tanto por el divorcio como por su proceso adolescente. Hay muchísimas maneras en las que pueden decidir enfrentarlo, pero sus cambios de comportamiento, por lo general, son la extensión o la exageración de su conducta anterior. Algunos se sienten totalmente abrumados y actúan sin pensar. En este caso, por lo general, su comportamiento es autodestructivo y depresivo: hay modificaciones en el apetito, tienen problemas con el sueño y experimentan una falta de motivación generalizada.

> Cuando mis padres se estaban divorciando, la vida en casa era una locura. Discutían tanto, que prácticamente se olvidaron de mí. Es decir, a ninguno le importaba a qué horas regresaba a casa y casi siempre me dejaban hacer lo que quisiera. No porque confiaran más en mí, creo que no tenían energías para controlarme. De todos modos, pasé casi todo el año en fiestas con mis amigos. De hecho, hice cuantas locuras quise y me metí en muchos problemas...

Otros intentan hacer más manejable su mundo y buscan reducir su campo de intereses (ver Capítulo 15). En este caso, lo que vemos es que el adolescente suele concentrarse en una de las áreas de interés: el deporte, el estudio, los amigos, un montaje teatral en el colegio, entre otros.

Yo estaba en décimo cuando mis padres se separaron. Hasta ese momento había sido un guitarrista apenas aceptable. Había tenido clases de guitarra durante muchos años, pero en realidad no me había metido de lleno. Pues bien, cuando mis padres se estaban divorciando, me refugié en la guitarra como nunca antes. Tomé más clases, practicaba como si me estuviera vengando, escuchaba mis discos una y otra vez, me metí en un grupo musical e incluso empecé a escribir música. Posiblemente dedicaba unas tres o cuatro horas durante las noches de la semana y muchas más los fines de semana. Claro está, ¡no volví a hacer ni una sola tarea! Me era absolutamente imposible concentrarme en el trabajo escolar, pero sí que lo podía con la guitarra. Fue un verdadero escape, un espacio en el que no tenía que pensar en nada.

No importa cómo lo exterioricen, el divorcio constituye una ruptura significativa de esa estructura familiar que tanto necesitan los adolescentes para enfrentar los cambios y las decisiones inevitables de esta etapa de la vida. Un chico del último año de secundaria, que tenía muchas dificultades en lo relacionado con su identidad personal, me dijo una vez, justo cuando sus padres estaban divorciándose: "¿Cómo puedo encontrarme a mí mismo cuando se han vuelto locos todos los que me rodean?"

Después del divorcio, es de esperar que las cosas se tranquilicen y que los dos padres y el adolescente puedan hacerse cargo conscientemente de la realidad de su nuevo mundo. Pero éste no es un proceso que se realice de la noche a la mañana, por lo general dura al menos un año. La analogía que suelo utilizar con los estudiantes es que las heridas psíquicas y emocionales resultantes del divorcio son parecidas a las de una fractura grave de una pierna. Si esto sucede, es posible que necesite una operación y que deban hospitalizarlo. Cuando regresa a casa, sus movimientos son limitados porque lo han enyesado y tal vez necesite de las muletas para desplazarse. Esto durante un período de tres a seis meses. Después, lo más seguro, es que necesite varios meses de terapia física. Si las cosas funcionan estupendamente, quizá pueda retomar sus actividades normales un año después. Pero todo el año del proceso de recuperación tendrá que disminuir considerablemente sus metas y sus expectativas. Quizá tenga que dejar de lado algunas actividades. También es posible que obtenga notas más bajas, debido a la hospitalización y a la consiguiente dificultad para concentrarse después. Quizá le dé más sueño, tanto por el proceso de recuperación física como por el esfuerzo extra que implica desplazarse con el yeso y las muletas. También puede esperar muchas manifestaciones de cariño e interés de parte de su familia y de sus amigos, quienes van a estarle preguntando cómo va su pierna (después de todo, todo el mundo sabe cómo darle apoyo a una persona con una pierna fracturada). Quizá reciba muchas tarjetas de "mejórate pronto", es posible que le regalen libros, crucigramas, que le lleven videos alquilados; en fin, muchas cosas por el estilo para ayudarle a conservar un buen estado de ánimo durante la recuperación.

Cuando una familia enfrenta un divorcio, las heridas son similares, pero no son físicas sino psíquicas y emocionales. Además, las demás personas no saben que está padeciendo esa herida (el divorcio), a menos que decida contarlo, lo que no suele ser fácil ni para el más fuerte y sano de los adolescentes. La exacerbada conciencia de sí mismos que tienen los adolescentes les impide abrirse a los demás, porque con ello ponen de presente su vulnerabilidad ante sus compañeros. Pero, desafortunadamente, ésa es la mejor manera de lograr el apoyo necesario para que las "heridas del divorcio" puedan sanar. Así mismo, debido a la relativa invisibilidad del divorcio, los otros (como los maestros y los entrenadores) pueden llegar a malinterpretar ciertos comportamientos inaceptables de los adolescentes: apatía, faltas de respeto, descuido, ausencia de motivación. Una de las mejores cosas que pueden hacer los padres por sus hijos adolescentes durante el proceso del divorcio es entrar en contacto con la escuela y, de modo confidencial, contarle al maestro de confianza, al entrenador o al asesor lo que está sucediendo en casa, para que éste pueda comprender cualquier cambio súbito en el comportamiento del chico. Usted querrá tener alguien en el colegio que le sirva de traductor de algunos de los comportamientos de su hijo.

En mi calidad de consejero estudiantil, considero de gran ayuda que los padres me hagan saber cuándo su hijo o hija está enfrentando alguna situación traumática, como podría ser una enfermedad grave en la familia, la muerte de un ser querido o el divorcio de sus padres. A mi vez, puedo informar confidencialmente a los maestros que el adolescente está atravesando una época difícil, sin tener que divulgar ningún detalle específico. A menos de que los maestros tengan una relación muy especial con el alumno, siempre les solicito no hablar de ello con el chico, sino hasta que él lo mencione. De este modo, los maestros no malinterpretarán cualquier cambio súbito en la conducta del estudiante.

Entonces, ¿qué puede ayudar a un adolescente en el proceso de divorcio? Claramente no existe un escenario ideal, porque el divorcio es el resultado de un ideal fallido. Usted tiene que tratar de hacer lo mejor que pueda con las herramientas de que disponga. Por el momento, trataré de concentrarme en lo que yo creo fundamental.

Aunque los adolescentes están familiarizados con lo que significa un divorcio (a través de los amigos y de los medios), no sobrevalore el conocimiento que puedan tener de lo que éste significa realmente. El vocabulario, los derechos, las elecciones y las responsabilidades suelen ser extrañas para ellos. Algo que suele ayudar es responder de manera directa las preguntas de los chicos y tratar de pensar qué necesitan saber: cuándo se producirá el divorcio, los detalles acerca de cómo van a organizar su vida, los posibles cambios de escuela, los cambios en las finanzas y qué papel juega su retroalimentación. Aunque tenga esta conversación con su hijo adolescente, sea consciente de que éste va a olvidar muchas de las cosas que se digan en ella, porque también tiene muchas cosas en la cabeza. Esta información le sirve de apoyo, le da una idea de cómo darle sentido a lo que va a pasar y pone una especie de punto final a los procedimientos del divorcio.

Como el proceso de divorcio es abrumador para todos los implicados, a veces es una buena idea consultar con un "consejero de pareja" a quien su hijo también pueda recurrir cuando tenga preguntas que plantear. Puede ser algún amigo de la familia que tenga cierta práctica con la logística del divorcio, un abogado o un mediador que se contrate por un par de horas, un terapeuta o quizá el psicólogo del colegio. Su hijo adolescente necesita simplemente tener a quien recurrir y en dónde encontrar información confiable y apoyo neutral. Puede que quiera o que no quiera echar mano de este tipo de ayuda, pero lo importante es que sepa que hay alguien dispuesto a ayudarle en caso de necesidad. Por último, contar con alguien a quien su adolescente pueda recurrir le da a usted una cierta tranquilidad y le proporciona el espacio necesario para ocuparse de usted mismo y de su divorcio con más responsabilidad, lo que en últimas beneficia a todos los implicados.

En cualquier divorcio, la concordia es fundamental, pero prácticamente imposible de lograr. Sin embargo, en cuanto sea posible, los padres deben procurar darle mensajes consistentes y seguros al adolescente, haciendo un seguimiento apropiado.

> Es raro. Desde que mis padres se divorciaron, me siento bien cuando son estrictos conmigo. Usualmente reaccionaba con ira y con gritos cuando eran estrictos, pero ahora me siento mal cuando no lo son. Me molesta que me dejen manipularlos demasiado. Es decir, siento que es importante que sigan ejerciendo su rol paterno.

Es muy importante que esté atento a las cosas pequeñas, como ir a buscar a su hijo a la salida de la escuela, cumplir con las horas en las que se van a encontrar y decirle claramente en cuál de las casas va a pasar la noche. Aun cuando es difícil darle información consistente, puesto que las cosas están cambiando permanentemente, no olvide informarle a tiempo si hay algún cambio.

Si bien es imposible proteger a los adolescentes de los efectos del proceso del divorcio (y tampoco debe hacerse), no se les debe exigir que desempeñen ningún papel de gran importancia. La mayoría de los chicos tienen mucho miedo a elegir entre papá o mamá. Ésta es una decisión que pesaría mucho en ellos en el futuro, pues implica una especie de división de lealtades; internamente, ellos sienten la necesidad de poder hacer su división en partes iguales. Es posible que en algún momento los padres enfrenten lo que he denominado "el fenómeno empático/defensivo", que se presenta cuando alguno menosprecia, implícita o explícitamente, a su pareja:

> Mamá: Tu papá quedó de ir por ti al colegio hoy. No te angusties si no te está esperando cuando salgas, tú sabes que él siempre llega tarde.
>
> Hija: ¡Mamá! Él no llega tarde siempre. Y si lo hace, lo que sucede cada vez menos, es por alguna buena razón. Además, siempre se disculpa.
>
> Mamá: Pues la verdad es que no ha mejorado mucho en su costumbre de llegar tarde. ¡Tuve que esperarlo veinte minutos en la cita con el abogado! A él las cosas se le olvidan.
>
> Hija: ¡No es cierto! ¡A él no se le olvidan las cosas! Dale un respiro. En realidad, tiene mucho trabajo y, además, tiene a todo el mundo exigiéndole todo tipo de ridiculeces. Podrías aflojar un poquito, ¿no crees?
>
> Mamá: No puedo creerlo. ¿Eres la misma persona que la semana pasada me pidió, en todos los tonos, que fuera a buscarla después de la clase de baile porque no quería pasar por la vergüenza de quedarse en la esquina esperando a que llegara su padre?

En esta conversación, la hija se siente obligada a defender al padre ausente (y sentiría lo mismo si la ausente fuera la madre). Lo que es triste en un caso como éste es que la hija deba tratar de no ponerse de parte de sólo uno de sus padres y que, por tanto, no tenga tiempo para analizar sus propios sentimientos y opiniones, que es lo que más necesita para poder enfrentar y sobreponerse al divorcio.

Su hijo adolescente tiene que establecer cuál es su relación con cada uno de sus padres, y a usted le corresponde dejar que lo haga. Si usted trata de ejercer una influencia indebida, puede pagarlo caro. A medida que el adolescente se va haciendo mayor (sin importar cuándo ocurrió el divorcio), es lógico que tenga más preguntas sobre el divorcio que necesitan ser planteadas. Como su manera de pensar va cambiando (ver Capítulo 2), el adolescente necesita reconsiderar el divorcio a la luz de sus nuevas capacidades cognitivas. Como con cualquier evento traumático que afecte a la familia, usted debe estar atento a que estas preguntas surjan y a que ciertos aspectos del divorcio vuelvan a hacerse presentes en las celebraciones importantes como la Navidad.

> La Navidad y el Año Nuevo me caen fatal desde que mis padres se divorciaron (hace cinco años). Sé que se trata de fiestas en las que supuestamente descansamos, nos divertimos y estamos en paz, pero las cosas no funcionan así. Todo empieza unas cuantas semanas antes, porque mi hermana y yo tenemos que decidir con quién vamos a pasar Navidad y con quién Año Nuevo. Una fecha con cada uno de ellos, lo que es mejor que hace unos pocos años, cuando teníamos que pasar medio día en cada una de las casas. Y no importa qué decidamos, siempre hay alguien descontento. La hora de la cena suele tener un aire falso. Todo el mundo trata de aparentar que somos una familia feliz pero logramos todo lo contrario. Yo quisiera poder escapar de estas festividades.

La estructura del acuerdo final del divorcio pasa por un largo período antes de establecer alguna consistencia. Una vez se ha llegado al acuerdo legal y a los acuerdos logísticos entre los padres (es importante darle al adolescente toda la información que pueda manejar), su hijo ya sabe qué esperar. Esto puede ser reforzado más adelante. Primero, es importante que tenga un espacio propio, aunque esto signifique una reorganización de la casa cada vez que vaya a estar allí. Segundo, si bien es necesario empacar y desempacar algunas cosas cada vez que pase de una casa a otra, trate de que sea el mínimo. En cuanto le sea posible, procure que su habitación esté siempre completa. No debería tener que llevar siempre consigo su reloj despertador de un apartamento al otro, tampoco tendría que llevar toda su ropa, ni su piano. El ideal sería que tuviera que empacar sólo su ropa favorita, sus libros y su música. Ayuda mucho que los padres sean conscientes de lo estresante que puede ser para el chico tener que empacar y desempacar varias veces por semana; valdría la pena que le regalaran un morral o una maleta que le guste mucho. Por último, es muy doloroso tener que empacar y desempacar una o dos veces por semana, por tanto, esté dispuesto a aceptar cualquier posible modificación que surja inesperadamente.

> Mi esposo y yo nos separamos cuando Jackson tenía siete años. El divorcio fue lo más amistoso que pudimos, y ahora mantenemos una relación cordial y nos apoyamos mutuamente. Hemos tenido la custodia compartida todo el tiempo. De hecho, no había hablado con él sobre el divorcio durante muchos años hasta que un día las cosas surgieron de la nada; fue como si me hubieran dado un golpe en la cara. Yo estaba alistándome para salir, cuando de repente oí un estruendo en su habitación. Corrí escaleras arriba y lo vi sentado en la cama con un gesto de tristeza enorme. Me miró y dijo con voz entrecortada (se notaba que apenas podía controlar sus lágrimas): "Siento mucho haber lanzado mi zapato contra la puerta". Yo le pregunté: "¿Por qué lo hiciste?", a lo que me respondió: "Porque el otro está en la casa de papá".

También debe estar preparado para que el chico necesite cierto tiempo antes de sentirse en casa cuando llegue y otro para prepa-rase a salir. Mientras usted está esperando la llegada de su hijo, organizando la mesa con un plato extra, él está empacando, revisando qué lleva y recordándoles a sus amigos que lo tienen que llamar a la otra casa. Los dos están preparándose para hacer algunos ajustes a su rutina, por tanto, no se trata de un mero ritual de saludo o de despedida.

> Cada vez que voy a casa de mi madre, lo primero que hacemos es sentarnos en la cocina y tomarnos una taza de

> té. Cada uno tiene su propia taza. Nos ponemos al día en lo que hemos hecho en la semana y hacemos planes para los días siguientes. A veces esto dura sólo diez minutos y otras veces, una hora o más. Es una buena manera de reencontrarnos.

Lo mejor sería que intente establecer estos rituales de modo muy consciente. Si no lo hace, éstos van a surgir espontáneamente, pero tal vez no sean tan agradables.

> La mayoría de las veces cuando voy de casa de papá a la de mamá, o al contrario, tengo una pelea fenomenal con el que vaya conduciendo el auto. Después entro en la casa del otro y no puedo hablar con él o con ella ni una palabra porque estoy muy enfadada con el que me llevó (lo que por supuesto los enfrenta a los dos) y después lo único que puedo hacer es defender al que no está, por más furiosa que esté. Es bastante confuso, ¿verdad?

Cuando tome las decisiones sobre el divorcio, deje espacio para la negociación, especialmente desde la perspectiva del adolescente. Permítale intervenir en la logística cuando lo que sugiera tenga sentido. Si el chico tiene que ir a alguna actividad en la escuela el sábado, y su ex esposa vive cerca del colegio, y usted a unos quince kilómetros de distancia, permítale que lo negocie y que se quede con la mamá esa noche, si así lo desea. Lo mismo con las vacaciones y los viajes. Lo que usted necesita es mantener la posibilidad de llegar a un acuerdo, y esto, a veces, va en contra de lo escrito. Así mismo, a medida que su hijo adolescente se vaya haciendo mayor tendrá más que decir frente a las decisiones. Nunca recurra a culparlo cuando decida que no quiere pasar unas vacaciones con usted. Apóyelo y confíe en su capacidad para tomar decisiones.

> Fue muy difícil para mí cuando Karen estaba en décimo grado y me comunicó que quería vivir con su padre el año siguiente. [Él vive en el estado vecino, y ella suele

> pasar las vacaciones con él.] Obviamente me puse muy triste. Sentí como si él me hubiera derrotado. Hablé con muchas amigas divorciadas acerca de esto y ellas lograron convencerme. Así, cuando Karen me planteó de nuevo el tema, yo le dije que podía hacer lo que quisiera. También le dije que era buena idea que conociera un poco más a su padre y que nos serviría de preparación si tenía que ir a la universidad en otra ciudad. Simplemente insistí en que pasara el verano conmigo. Esto sucedió hace cinco años. Mirando las cosas hacia atrás, creo que tomé la decisión correcta. Karen y yo nos llevamos muy bien ahora, y me doy cuenta de que si me hubiera opuesto radicalmente a que se fuera a vivir con su padre ese año, quizá habríamos vivido como en un campo de batalla y me habría llevado años reponerme. Gracias a Dios tengo muy buenos amigos a mi alrededor.

Por último, para muchos padres que están atravesando la agonía del divorcio es casi imposible sustraerse a la tentación de utilizar al adolescente como respaldo y confidente, en ocasiones casi lo convierten en una especie de terapeuta. Esto es injusto para los dos. Manténgalo informado de lo que en realidad necesita saber, pero no saque los trapos sucios al sol. Sea consciente de la diferencia. Si no lo hace, su hijo estará en medio de las fuerzas en conflicto y no tendrá más remedio que ponerse a la defensiva. El chico está en una situación sin salida. Ya está lo suficientemente grande como para tomar sus propias decisiones, pero no tanto como para ser su principal apoyo, especialmente si esto lo enfrenta con el otro padre. En cuanto le sea posible, permita que el chico siga siendo un chico. La naturaleza misma del divorcio lo obliga a crecer un poco más rápido que sus pares; no acelere el proceso pretendiendo que sea distinto a cualquier otro adolescente.

> El otro día estaba en casa de un amigo y su mamá le recordó que el cumpleaños de su padre era el día siguiente. Por supuesto, a él se le había olvidado. Pero ella le ayudó a no meter la pata. Le pudo comprar el regalo a

tiempo y lo salvó de sentirse como un tonto. Ni mi mamá ni mi papá harían lo mismo conmigo. De hecho, tengo la sensación de que más bien tienen la esperanza de que me olvide del cumpleaños del otro. Es muy triste. También me parece que es un poco injusto que yo tenga que asumir todas las responsabilidades.

Como el divorcio obliga a los chicos a crecer más rápido, también les acarrea muchas más preocupaciones. Con frecuencia estas preocupaciones afectan su sueño, y esto es lo que menos necesitan. Para afrontar este problema, suelo ofrecerles a los adolescentes que por alguna razón tienen dificultades para quedarse dormidos una técnica que he llamado "Deja dormir tus preocupaciones".

Deja dormir tus preocupaciones

1. Ponte muy cómodo, boca arriba en tu cama, y trata de imaginar una habitación muy pequeña en la que hay una cómoda grande con muchos cajones pequeños.
2. Visualiza tus preocupaciones y entra en esa habitación.
3. Ahora aleja tus preocupaciones y métela una por una en cada uno de los cajones de la cómoda.
4. Pon una etiqueta en cada uno de los cajones y márcala con una palabra o frase que resuma la esencia de tu preocupación.
5. Cuando todas tus preocupaciones están cuidadosamente encerradas en sus respectivos cajones, apaga la luz y cierra la puerta con cuidado.
6. Ahora, regresa a tu cama, adopta tu posición favorita y vete a dormir con la seguridad de que tus preocupaciones están descansando en el lugar en el que deben estar durante la noche.
7. Si, por alguna razón, una de las preocupaciones se sale de su cajón y se apodera de ti, con amabilidad pero con firmeza oblígala a regresar al cajón y a quedarse ahí durante

la noche. Puede esperar hasta la mañana siguiente para regresar a ti cuando hayas pasado una buena noche.

En todos los divorcios, la familia experimenta una sensación de profunda tristeza. Pero ser conscientes de esta tristeza, en cierto modo, les permite suavizarla. Si no somos conscientes de ella, la tristeza se transforma en culpa. O como lo planteó una estudiante que vivió la experiencia de crecer en una familia cuyos padres se divorciaron pero no fueron conscientes de su tristeza: "Algún día escribiré un libro contando lo que significó para mí esta experiencia. Su título será *Culpa*".

[1] Recomiendo la lectura de la novela *Paddy Clarke Ha Ha Ha*, de Roddy Doyle, en la que se narra una descripción detallada de este proceso. (Esta novela fue publicada en español por Editorial Norma, con el título *Paddy Clarke Ja Ja Ja*, en 1998).

Capítulo 17

Los padres se casan de nuevo, familias recompuestas

¿Qué significa para los adolescentes un nuevo matrimonio de alguno de sus padres? ¿Puedo hacer algo para suavizar esta transición?

Actualmente, hay muchas cosas que los padres pueden hacer para suavizar el proceso de formación de una nueva familia. Lo que no es posible es medir el éxito del mismo a partir de los resultados inmediatos. Las transiciones suelen ser traumáticas, tensas y problemáticas, aunque usted se esfuerce para que las cosas no sean así. Sin embargo, los resultados de una transición exitosa se hacen evidentes en el camino. El tiempo y la reflexión que invierta para orientar esta transición van a ser bien recompensados en el transcurso de la vida de la nueva familia.

Un nuevo matrimonio de alguno de los padres es un concepto oscuro para los adolescentes, porque se fragua y construye sobre conflictos y alegrías. Echemos un vistazo a uno de los nuevos matrimonios "más sencillos": la mamá de un adolescente se vuelve a casar con un hombre que no tiene hijos. Por una parte, el hijo está contento porque su madre ha encontrado alguien que la hace sentir feliz. Pero como él va a verse afectado como miembro de la nueva familia, necesita analizar profundamente los sentimientos que le inspira su padrastro. Esto no puede hacerse de modo sistemático y consciente: "¿Llegará a gustarme crecer a su lado? ¿Querrá asumir el rol de papá? ¿Querrá alejarme del lado de mi mamá? ¿Le caigo bien? ¿Podré mantenerme lejos de él hasta que sea mayor de edad? ¿Lo respeto?" Además, estas preguntas no se plantean ni se responden en el vacío. La duración de la relación, los períodos que el nuevo cónyuge y el adolescente tienen que pasar juntos, las relaciones precedentes y la manera en la que terminó el primer matrimonio (muerte, enfermedad muy prolongada, divorcio amistoso, divorcio hostil, infidelidad, etc.) juegan un papel vital en la respuesta que su hijo adolescente pueda dar al nuevo cónyuge. Así mismo, los recursos intelectuales del adolescente pueden confundirlo a usted fácilmente: trate de juzgar su grado y su disposición de aceptación a partir de lo que hace y no de lo que dice.

En una familia recompuesta, la ubicación del otro pariente biológico y la relación del adolescente con ese padre son factores decisivos.

> Mi mamá murió cuando yo estaba en quinto grado. Su muerte fue muy traumática para mí. Mi papá conoció a Valerie cuando yo estaba en octavo y se casaron el año pasado [yo estaba en décimo]. La pude conocer durante muchos años, antes de que se viniera a vivir con nosotros. En realidad, yo anhelaba que se casaran, por eso me sorprendió que las cosas fueran tan duras al principio. No me había dado cuenta de que papá y yo habíamos desarrollado tantas rutinas para que la casa funcionara. Y, de repente, Valerie estaba viviendo con nosotros y, por supuesto, había que introducir cambios. Primero fueron cosas pequeñas, como reorganizar los muebles y comprar nuevas vajillas, lo que me gustó mucho. Pero cuando acabó con el jardín de mamá e hizo un rediseño total del patio trasero me puse como una fiera. Sé que no fui jus-

> to, pero me resultaba demasiado difícil aceptarlo. Obviamente, todos pudimos trabajar juntos en el proceso, en parte porque Valerie y yo nos conocíamos hacía tiempo y no me costaba decirle lo que pensaba. Sin embargo, recomiendo que quienes vayan a iniciar una nueva familia lo hagan en una nueva casa o en un nuevo apartamento, así para todos constituye una nueva vida.

El espacio del hogar (además de la adición de una nueva persona en el espacio actual o el traslado a un espacio nuevo), las costumbres y la economía familiar son elementos que contribuyen a hacer del nuevo matrimonio un proceso complejo con muchos "tira y afloja", tanto por parte de los adolescentes como por parte de los adultos. Recuerde, el que inicia una nueva familia no es el adolescente (ver Capítulos 2 y 3), por tanto, lo mejor es tratar de que se involucre tan activamente como sea posible en el desarrollo de las nuevas normas y la logística de la familia. Él no quiere ser un socio ciento por ciento en este proceso, porque ya tiene suficiente qué hacer, pero necesita que se le consulte con frecuencia para poder dar su opinión.

> Cuando mamá se casó con Jack, en realidad quería que yo me sintiera incluido. De hecho, me llevó a ver todas las casas que estaban en venta en los alrededores hasta que tuve que decirle ¡basta! Es decir, ¿quién quiere pasar todos los domingos entrando y saliendo de las casas de otros? Entonces le dije lo que yo quería: seguir viviendo en la zona cercana al colegio, tener mi propia habitación y que me dieran la oportunidad de ver la casa que eligieran antes de que la compraran. De ese momento en adelante, las cosas funcionaron muy bien.

Desde la perspectiva del adolescente, un nuevo matrimonio implica que "alguien toma el lugar de" y que hay que "olvidar", lo que suele producir ira. Si no se discuten con calma y ordenadamente estos pensamientos, pueden servir de acicate a todos los aspectos negativos del suceso. En las familias divorciadas, esto sucede cuando el nuevo cónyuge trata de actuar o de ser percibido como un padre y, en el caso de una viudez, cuando no se habla del difunto con cierta frecuencia. Cuando cualquiera de estas dos cosas sucede, el adolescente está en una posición poco envidiable, porque le toca enfrentar las lealtades con la historia familiar. "Olvidar" o "reemplazar" es algo muy asustador para los adolescentes. Lo mejor es animarlos a recordar al otro padre. Si esto no se hace, hay algo de él que se pierde, lo que puede implicar el temor, no siempre inconsciente, de que él también pueda ser "olvidado" o "reemplazado". En el relato que sigue, los padres del chico se habían divorciado cinco años atrás y el padre se había ido a vivir en otra ciudad, por tanto sólo podía ver a su hijo durante el verano.

> No podía creer lo que pasó cuando mi madre se volvió a casar. Bill había sido un tipo agradable hasta ese momento. Pero, de repente, empezó a tratar de ser mi papá: me decía qué debía hacer, cuándo tenía que estudiar, a qué horas debía acostarme e incluso quería acompañarme a los partidos para animarme, ¡como si yo fuera su hijo! Cuando nos fuimos a vivir en su casa, insistió en que dejara mis muebles porque ya había elegido otros. Eran los muebles de su casa. ¡Demonios! ¡A mí me encantaba mi cama! También, antes de casarse, me preguntaba por mi papá y lo que hacía conmigo en los veranos cuando yo era pequeño. Después de casarse con mamá, ya no quería que habláramos del pasado, y si lo hacíamos, reaccionaba como un perrito lastimado y se iba para otro lado. Obviamente, mamá salía corriendo detrás para tratar de que las cosas se solucionaran. Bill incluso trató de que yo no pasara un verano con papá, para que me pudiera ir con ellos a otra parte.

En el caso anterior, el nuevo cónyuge es demasiado ansioso y sensible. Los padrastros necesitan tiempo y piel dura. Para desarrollar una buena relación con un adolescente se necesita tiempo. Deje que las cosas se den con la mayor naturalidad posible. Así mismo, y aunque esto es muy difícil, es necesario apoyar al adolescente para que hable de su infancia y del padre que no está presente. Este tipo de conversación no es un arma en su contra, más bien es algo que les permite a los adolescentes integrar sus historias con el presente. Dele tiempo para asimilar esas historias.

Ahora, en lugar de tratar de recorrer todos los cambios posibles en las familias recién formadas, demos una mirada a algunos elementos que suelen estar presentes: los hermanos, los roles paternos y la organización del espacio.

Los hermanos biológicos son fuente natural de apoyo mutuo y de constancia en las relaciones en el caso de un cambio en la estructura familiar. En muchos de los arreglos de custodia, suele ser mejor para todos mantener a los chicos juntos en sus desplazamientos entre los dos hogares. Los chicos con hermanos tienen una sensación más fuerte de estabilidad y de respaldo, especialmente en los casos de custodia compartida. Si los dos nuevos cónyuges tienen hijos y quieren llevarlos a la nueva familia, hay muchas complicaciones que deben tenerse en cuenta. Los que se enamoraron fueron los padres, no los chicos. Todavía necesitan tiempo para desarrollar sus relaciones, lo que no va a suceder de la noche a la mañana. Los padres anhelan que se hagan muy amigos, pero este deseo es poco realista. Quizá a lo que más se puede aspirar es a que haya una tolerancia respetuosa. Deje que las cosas se den naturalmente. Si trata de forzar para que se cumplan sus deseos, quizá se encuentre con que sucede precisamente todo lo contrario. Los chicos necesitan poder expresar lo que sienten.

Cuando la nueva pareja contrae matrimonio, los dos deben tener muy claro cuáles van a ser sus roles paternos con los chicos. En relación con los adolescentes, lo mejor es que el padre biológico asuma la mayoría de las responsabilidades paternas, especialmente en lo que tiene que ver con la estructura y con el cumplimiento de la ley de las consecuencias lógicas. Es injusto esperar que el padrastro o la madrastra asuma ese rol; es más, cuando se intenta, es muy raro que se logre, más bien se crea un resentimiento innecesario entre el adolescente y el nuevo cónyuge.

> Creo que cuando Cherie y mi papá se casaron, ella estaba bastante confundida sobre cómo tratarme. Fue difícil,

> porque cuando mis padres estaban juntos, mamá era la encargada de casi todo lo que tenía que ver con la disciplina y cosas por ese estilo. Creo que papá, inconscientemente, esperaba que Cherie hiciera lo mismo. Pero después de un par de intentos, tanto ella como yo nos dimos cuenta de que las cosas no iban a funcionar así, entonces ella tomó cierta distancia. Después, durante un tiempo, parecía como si nadie se ocupara de mí y, en realidad, me extralimité un poco. Las cosas fueron difíciles en una época, pero todo empezó a mejorar cuando papá asumió sus funciones de padre. Ahora estoy en octavo y me entiendo bastante bien con Cherie. Me gusta mucho hablar con ella cuando llego a casa; de hecho, a veces hasta prefiero hablar con ella.

Al padre no-biológico le toca caminar en la cuerda floja, lo que no es fácil. Además, cada chico es diferente, según su personalidad y su edad. Lo que funciona con un chico de siete años no va a ser efectivo con uno de diecisiete. En muchos aspectos, el padre no-biológico es como una especie de tío para el adolescente. Pero, de todos modos, lo que es fundamental es dejar que su relación se vaya estructurando según sus personalidades. Lo que es más importante es que el adolescente y el nuevo cónyuge se tengan un verdadero respeto mutuo, y esto sólo se logra con el tiempo. Además, es injusto formar la pareja cuando el posible nuevo cónyuge no está interesado en establecer una buena relación con el adolescente. En este caso, lo mejor es esperar hasta que éste sea mayor de edad. Los adolescentes perciben la falta de interés como un rechazo abrumador.

> El marido de mamá parece ser un buen tipo, pero yo no tengo nada que ver con él. Si estamos los tres y mamá sale de la habitación, nunca tenemos nada de qué hablar, por lo general nos ponemos a leer o encendemos la televisión. No estoy seguro de qué pasa, quizá simplemente no le gusto. He tratado de conocerlo. Le he preguntado por su trabajo, por su familia e incluso le he hablado de de-

portes, pero lo que casi siempre obtengo es una respuesta monosilábica, como si lo estuviera molestando o algo parecido. Ahora en realidad sólo aspiro a poder irme de casa.

Si está pensando en contraer matrimonio nuevamente, es una tremenda irresponsabilidad ignorar el impacto que esto va a tener en su hijo. Además, es muy ingenuo pensar que las cosas van a funcionar bien si el nuevo cónyuge no tiene algún tipo de relación con él.

El espacio es otro concepto importante cuando se está formando una nueva familia. Esto es particularmente cierto cuando los dos cónyuges traen chicos a la nueva familia. No importa qué tipo de custodia tengan los padres, es fundamental que su hijo adolescente tenga su espacio propio. Si es imposible que sea su habitación, al menos debe tener un lugar en el que pueda guardar sus cosas y que nadie pueda acceder a ellas. Déjelo que disponga de su espacio a su antojo (respetando siempre la estructura general). Este espacio va a constituir su lugar de refugio dentro de su propia casa, como en el relato del Capítulo 3 acerca de volver a casa al salir del colegio. Lo más probable es que las cosas sean de este estilo cuando se trata de una familia de este tipo.

Mis dos padres se han vuelto a casar con personas que tienen hijos, lo que no hace nada fácil las cosas. Lo único sensato en todo esto es que tengo mi propia habitación en las dos casas y he podido decorarla como quise. Nadie entra en ella cuando no estoy en esa casa. (En casa de mi padre hasta tengo llave para cerrar la puerta, pues los hijos de su mujer son pequeños y muy entrometidos.) Siempre que vuelvo a cualquiera de las dos casas encuentro mi habitación exactamente como la dejé. En cierta medida, esto me da un poco de seguridad.

De todos modos, siempre se necesitan unos cuantos años para que una familia de este tipo llegue a consolidarse; las cosas no suceden de un día para otro. Por esta razón, no conviene tratar de hacer evaluaciones del proceso familiar demasiado pronto. Después de las primeras explosiones y los primeros gritos, es muy fácil poner en duda el éxito de la familia a largo plazo; cualquier balance es prematuro. A menudo, lo más difícil y lo más importante que se debe considerar son sus propias expectativas. Tiene que ser realista. Si se aferra a una fantasía idealizada de cómo debería ser la nueva familia, la experiencia seguramente será devastadora para todos los implicados. Esté siempre dispuesto a reevaluar sus expectativas.

La adolescencia es, en sí misma, una época turbulenta. Y cuando hay cambios drásticos en la estructura, aumenta la turbulencia, pero también la necesidad de consistencia. El único camino que los adolescentes tienen para ganar seguridad es poner a prueba constantemente las normas, especialmente en los primeros años. Como siempre, nunca desista.

Capítulo 18

¿Sin pareja?

¿Cuáles son las dificultades específicas para una madre o un padre que debe asumir solo la educación de su hijo? ¿Cuál sería la mejor manera de enfrentarlas?

Asumir la paternidad en solitario no es demasiado diferente a hacerlo con el cónyuge, simplemente las cosas son muchísimo más difíciles y complejas. Primero, el padre que no tiene pareja está siempre "conectado" con el adolescente. Nunca puede recurrir al otro, pedirle que se entiendan entre ellos y retirarse al cuarto en busca de refugio y soledad mientras se enfrenta la crisis. La responsabilidad siempre recae en el mismo lugar. Estar siempre "conectado" exige mucha energía y atención, y el padre no siempre las tiene, y siempre se cometen errores.

> Aunque mi marido murió hace siete años, cuando John me interrumpe con alguna petición o una pregunta urgentes todavía hay momentos en los que hay unas palabras en la punta de mi lengua: "Pregúntaselo a papá". Siempre me cuesta mucho dejar lo que estoy haciendo para prestarle toda la atención que necesita, pero cuando le doy menos atención de la que necesita termino pagando las consecuencias. Por ejemplo, hace un par de sema-

nas entró en mi estudio un jueves en la noche mientras yo trabajaba. Quería saber si estaba de acuerdo con que fuera a una fiesta con Josh el viernes y si podía llegar una hora más tarde que de costumbre. Necesitaba saberlo en ese momento porque Josh estaba en el teléfono y esperaba la respuesta. En el tono de voz pude percibir que había algo más tras la pregunta, pero me hice la loca y le dije que sí para volver a concentrarme en mi trabajo de inmediato. Claro está, mi descuido se volvió en mi contra justo la noche siguiente. A John se le había "olvidado" decirme que Josh iría conduciendo (había sacado su licencia cuatro días antes) y que la fiesta era en la ciudad de al lado. Por supuesto, toda esta información me fue proporcionada veinte minutos antes de que vinieran a buscarlo. No necesito contar detalladamente la escenita que montamos y, de nuevo, por centésima vez, juré que siempre estaría atenta ciento por ciento a las peticiones y planes ocultos de John y, ante todo, a darle crédito a mi instinto maternal, que a veces me advierte cuándo algo no está del todo bien.

Además de la presión de tener que estar siempre "conectado", el padre soltero no tiene el beneficio de la reflexión compartida. Incluso cuando una pareja ha cometido alguna equivocación con su hijo adolescente, los dos tienen siempre la opción de refugiarse en el otro para tratar de aprender a partir de sus errores, para hacer planes para el futuro, para repensar las estrategias y los modos de abordar las situaciones. Y lo que es más importante aun, cuentan el uno con el otro. El padre soltero no goza de esta experiencia compartida. Está solo con sus propias dudas, lo que, como hemos visto, lo puede llevar a concentrarse en los errores. Sin este diálogo reflexivo, se tienen menos oportunidades de desmenuzar las cosas, de poder comprender creativamente el ciclo en el que está metido con su hijo. Encontrar otros padres solteros para hablar con ellos acerca de las preocupaciones con sus hijos adolescentes ayuda mucho; es más, es fundamental. Es importante invitar a otros a participar en estas conversaciones.

> El padre de Sarah me dejó cuando ella estaba en primero; desde entonces, hemos estado solas ella y yo. La primaria fue relativamente tranquila, pero la segunda mitad de séptimo fue dura. En uno de sus partidos de fútbol, a principios de otoño, conocí a varios padres y madres de los otros chicos. Resultó que dos de ellas también eran madres solteras. Un poco después en ese otoño, como Sarah parecía estar cambiando tan rápidamente que me costaba seguirle el ritmo, invité a esas dos madres a cenar en casa. Quería saber si en su casa estaba sucediendo algo parecido. La hija de Reggie estaba en noveno y la de Cecilia, en octavo. Después de hablar de unas cuantas tonterías, abordamos el tema de nuestras relaciones con las chicas. Fue un poco raro y refrescante saber que estaban atravesando dificultades muy similares a las mías. También me sirvió mucho escuchar cómo entendían y afrontaban muchos de estos problemas. Cuando terminó la noche, tuve la sensación de que había hecho acopio de muchos nuevos trucos. ¡Fue una noche estupenda! Todas nos sentimos más optimistas. Desde entonces, nos reunimos a cenar cada cierto tiempo. Es extraño, ninguna es amiga de la otra fuera de estas cenas, sin embargo, ellas se han convertido en personas muy importantes en mi vida.

Es posible que la persona que no tiene pareja tenga muchos amigos y una vida social muy activa, pero a la vez pasa poco tiempo con alguien que comprenda y sepa distinguir el peso que significa asumir la paternidad en solitario. Si, por alguna razón, usted no tiene acceso a otros padres en la misma situación, es aconsejable que recurra a un terapeuta o consejero familiar para buscar el respaldo que necesita. Éste sería un tipo de relación muy diferente a la mayoría de las relaciones terapéuticas, pero hay muchos profesionales que la saben manejar. Lo importante es que usted tenga claro qué es lo que busca.

Obviamente, una paternidad en solitario exige un mayor sacrificio del tiempo personal. En realidad, usted está asumiendo solo el trabajo de dos personas. Es posible que después de cierto tiempo logre enseñarle a su hijo adolescente a asumir más y más responsabilidades, pero sin importar qué tan buenos sean los adolescentes, en últimas la autoridad recae en usted. Esto supone una trampa sutil: usted invierte una buena cantidad de su estima personal y de su identidad en la vida de su hijo adolescente, y éste se convierte en una especie de extensión suya que, a la larga, lo pone a usted en una situación de enorme vulnerabilidad frente al comportamiento del chico (en sus estudios, en los deportes, en la vida social, en su grupo de teatro o de danza, en las artes). Con el tiempo, esta trampa resulta muy seductora, porque en sus primeros años (en la infancia y las primeras etapas de la adolescencia) es muy exitosa y gratificante.

> Usted sacrifica su tiempo por su hija. Ella se lo agradece abiertamente. Usted deja de lado muchas oportunidades personales porque es una buena madre. Ella crece y progresa gracias a su atención y dedicación. Usted quiere todo lo mejor para ella, principalmente por ella misma, pero también para que sus sacrificios se vean justificados. Ella se esfuerza mucho porque quiere alcanzar por sí misma todo eso que usted también desea. Las dos parecen estar en sintonía. Sus éxitos le sirven de motivación para que usted se sacrifique cada día más y usted hace suyos los éxitos de su hija. Ella trabaja más porque quiere que usted se sienta orgullosa. De repente, entra en la adolescencia. Usted sigue disfrutando de los éxitos de la chica, pero también empieza a hacer suyos los inevitables "fracasos". Y lo que es peor aun, ella ya no tiene la misma apertura para acoger sus aportes o sugerencias. Usted reacciona tratando de controlarla más directamente, pues quiere hacer un "mejor trabajo". Ella opone resistencia. Usted insiste. Ella se rebela. Usted grita. Y el conflicto empieza a crecer rápidamente, con una velocidad y una fuerza cada vez mayores.

El patrón anterior no es saludable para los adultos ni para los chicos. (Los padres que están solos deben leer muy cuidadosamente el Capítulo 19, pues está doblemente dirigido a ellos y ofrece el mejor antídoto para este patrón de relación.)

Por último, como si todo lo anterior no fuera suficiente, usted tiene que enfrentar la creciente presión económica que no sólo afecta su relación con su hijo adolescente, sino que también afecta el modo en el que usted se evalúa como padre.

> Los peores momentos son cuando me voy a dormir después de una pelea. No sólo revivo mentalmente la pelea una y otra vez como en una película (las primeras cincuenta versiones están centradas en sus fallos y las otras cincuenta en los míos), sino que de ahí paso a revisar de nuevo todas mis otras carencias como madre. ¡Y las finanzas ocupan buena parte de ese libreto! De alguna manera, siento que el dinero debería ser una seguridad dada. Quiero decir, es imposible que a mis padres les hubiera tocado preocuparse tanto para pagar las cuentas, financiar mis estudios, arreglar las tuberías y, a la vez, intentar ser profesionales exitosos... ¿o sí les tocó? De todos modos, a mí me toca asumir buena parte de esto. En últimas, cuando se presenta alguna crisis económica, siento que he fracasado como persona y como adulta. Sé que no es muy lógico, y sin embargo...

Desde la perspectiva del adolescente, tener un solo padre activo significa haber perdido la mitad de la diversidad paternal en su vida, y los efectos de esta pérdida son de largo alcance. Sin uno de los padres, es más fácil para el adolescente quedarse encerrado en un solo rol con el padre que le queda.

> Uno de los dos siempre parece estar bien con Charissa, mientras el otro hace el papel del malo, pero con el tiempo las cosas parecen balancearse. Si uno de los dos ha sido el malo durante un tiempo, nos las arreglamos para cambiar los roles. Si mi esposa ha sido la mala, nos proponemos que yo me encargue de recordarle lo que tiene que hacer y de negarle permisos para que llegue a casa

tarde; mientras tanto, mi esposa le da el dinero para ir al cine y la felicita por lo bien que está tocando el piano. De este modo, nos aseguramos de que se sienta siempre segura con alguno de los dos, en caso de que necesite confiarnos algún problema.

El adolescente que no tiene dos padres carece del modelo de dos personas que se aman y pelean, que enfrentan desacuerdos, que discuten, que gritan pero logran encontrar una solución al conflicto. El adolescente tampoco puede vivir la experiencia de influir sólo en uno de los padres y ver cómo el otro accede simplemente porque confía en su pareja y en su hijo. La pérdida de confianza en los padres es más común con dos padres que con uno solo. Por último, el adolescente que no tiene más que un padre, obviamente crece teniendo exclusivamente el modelo que le ofrece uno de los dos géneros.

La solución a este respecto es sencilla: trate de que haya más adultos presentes en la vida de su hijo adolescente. Los maestros y los entrenadores pueden jugar un papel de vital importancia. Anime a su adolescente para que se acerque más a un maestro, o trate de que el entrenador juegue un papel más activo en la vida de su chico (ver Capítulo 12). Busque planes para el verano que le proporcionen la oportunidad de estar cerca de adultos que se preocupen por él: campos de verano, campamentos juveniles, organizaciones parroquiales o algún grupo religioso. Lo difícil aquí es evitar sentir celos cuando la estrategia empiece a funcionar.

Al principio las cosas funcionaron perfectamente. William se acercó mucho a Phil en el campo de verano. Pero después de cierto tiempo, yo me cansé de oírlo hablar de Phil. Incluso llegué a ponerme celosa. El tipo le estaba diciendo a William las mismas cosas que yo le había dicho durante quince años y, sin embargo, el chico las tomaba como si le hablara un semidiós. ¡Yo no era sino una simple mamá! Pues bien, así es la maternidad.

En cualquier familia con un solo padre, el adolescente asume, inevitablemente, más responsabilidades de las que asumiría en otro contexto. Lo que no es necesariamente bueno ni malo, simplemente es un hecho (ver el Capítulo 16). Si bien muchos adolescentes no son conscientes de ello, sí se dan cuenta de todo lo que usted hace por ellos (y lo que deja de hacer por usted mismo). Lo único es que toma cierto tiempo antes de que le den alguna respuesta.

Papá

Es el hombre del silbato,
quien nos prepara espaguetis
con trocitos de salchichas.
Sabe hablarnos de la vida
y también del básquetbol,
de luchar por el equipo
sin dejarnos expulsar.
Y nos compra bicicletas,
trineos y patinetas.
Por años he sido el testigo
de su juego de golf y su *swing*,
de un lado al otro del campo,
sin nunca llegar al *green*.
Una vez me llevó a San Luis
y todos fuimos a ver el Arco
y nos hospedamos lejos del aeropuerto.
Muchas cosas nos ha dado
que para él eran triviales,
y ninguna ha durado tanto
como lo que nos ha enseñado:
compasión, diversión y hacer familia,
pues todo eso surgía de su noble corazón.
Alguien debería pedir a los de Hallmark
que editen una nueva tarjeta
para los padres que son madres.

—Tim Riera

Capítulo 19

La salud mental de los padres

Con todo lo que les está pasando a nuestros hijos, ¿qué podemos hacer para mantener nuestra salud mental en medio de las turbulencias de la adolescencia?

Atender su salud mental es uno de los mejores ejemplos que usted le puede dar a su hijo. Como se ha señalado, cuando los chicos llegan a la adolescencia ya están aprendiendo más de lo que lo ven *hacer* a usted que de lo que usted les *dice*, por difícil que sea aceptar esto. Si no les presta una atención consciente, su relación de pareja, su crecimiento intelectual y emocional y sus intereses personales se pueden ver afectados por los traumas de la adolescencia y pueden tender a generar, inconscientemente, sensaciones de resentimiento. Es importante que procure disponer de tiempo para usted, para atender estos aspectos de su vida, sin abandonar a su hijo adolescente. Estos aspectos deben construirse dentro de su tejido vital. Es como ahorrar dinero: las personas que no saben ahorrar por lo general pagan sus deudas, hacen el mercado, disponen de una cierta suma para gastos de bolsillo, guardan algo de dinero para gastos imprevistos y lo poco que les queda lo depositan en su cuenta de ahorros. Las que sí saben ahorrar siguen un patrón totalmente diferente: establecen un monto fijo para el ahorro y, ante todo, lo depositan en su cuenta de ahorros. La suma restante la distribuyen para todos los otros gastos. Lo mismo sucede con su salud mental: atiéndala primero.

El ideal es que haga todos los días algo para cuidar de su salud mental, puede ser durante un rato muy corto. Lenzie Williams, mi profesor de tai chi, habla de las rutinas mínimas y máximas. Para estudiar tai chi, el ideal es practicar una hora diaria, lo que es una meta muy ambiciosa. Por lo general, uno logra esta meta los primeros cinco días, entonces lo más probable es que la deje un día, luego retoma el ejercicio un par de días más y el tercero la vuelve a dejar. Lo más probable es que después de unas pocas semanas haya menos días en los que practica y unas pocas semanas después quizá deje el tai chi para dedicarse a algo completamente diferente. Pero ahora tiene una cierta sensación de remordimiento. Sin embargo, si asume el ritmo de las rutinas mínimas y máximas, puede establecer la meta de diez minutos diarios como mínimo y una hora como máximo. Entonces cualquier tiempo entre diez minutos y una hora de práctica lo dejará satisfecho (y al menos no experimentará sentimientos de culpa). Existe la posibilidad de que si aplica este patrón durante cuatro semanas, habrá practicado mucho en conjunto y todavía estará interesado en la actividad. Y, por supuesto, no experimentará sentimientos de culpa. De hecho, se sentirá satisfecho con usted mismo. Lo mismo puede aplicarse a su salud mental y a su paternidad. Dedique al menos algo de tiempo a alguna actividad que usted sienta como alimento para su salud mental.

> Me encanta leer. Todos los días leo al menos un par de páginas de cualquier novela que me interese. Algunas veces puedo leerlas en el autobús o cuando estoy lavando la ropa, pero, sin importar qué pase, siempre leo unas cuantas páginas al día. En realidad me ayuda mucho. Cuando logro tener un descanso de una hora o algo así, entonces me meto de lleno en lo que estoy leyendo. Quizá es una especie de escapatoria, pero prefiero pensar que es un tiem-

> po totalmente mío, lo que me parece más que justo si tengo en cuenta todo lo demás que hago.

Y,

> En realidad no hago una cosa especial diariamente, pero todos los días hago algo que me guste a mí, no importa qué tan poco tiempo le dedique. Por ejemplo, cuando tengo tiempo trabajo en el jardín, o salgo a caminar, o voy a tomar café con una amiga, o me fumo un cigarrillo en el patio. Y cuando tengo muy poco tiempo, siempre logro hacer algo: quizá caminar hasta la esquina, o dedicarle unos minutos a escuchar una de mis canciones favoritas, o simplemente hacerme un masaje en los pies durante un rato antes de acostarme.

La ley fundamental para la salud mental de los padres es: "No tome a mal las reacciones de su hijo adolescente". Recuerde, el chico está atravesando un período de desarrollo totalmente diferente a todos los anteriores. Antes de esta época, los padres estaban dispuestos e incluso ansiosos por asumir los comportamientos de su hijo como una proyección suya. Se deleitaban con las alegrías y los logros de sus hijos como si fueran proyecciones de ellos mismos; por tanto, el distanciamiento que implica la adolescencia no es fácil.

> Recuerdo un día que estaba con un amigo, cuya hija de cinco años saltó sobre sus piernas, lo abrazó con fuerza, respiró profundo y le dijo: "Papi, te adoro. ¡Eres el papá más inteligente y más lindo del mundo!" Mi amigo casi se derrite, ¡no le cabía el corazón en el pecho! Al mismo tiempo escuchaba una voz que me decía muy quedo: "Disfrútalo ahora, pero no se lo vayas a echar en cara cuando tenga dieciséis años y ya no tenga esa opinión tan maravillosa de ti".

Los adolescentes pueden ser muy críticos de sus padres, a veces con razón y otras no. Pero si tenemos en cuenta todo lo que les está pasando (ver Capítulo 2), ellos por lo general se desahogan de sus frustraciones en el lugar en el que se sienten seguros. Muy pocos adolescentes, después de una fuerte discusión con sus padres, regresan a casa y encuentran una nota en la puerta que dice "Nos cansamos de tus gritos y tus peleas. Vete a otro lugar y regresa cuando hayas crecido. Con cariño: Papá y Mamá". Aunque parezca extraño y sea difícil de comprender, el que ellos desahoguen sus frustraciones contra usted es una especie de reconocimiento. Si bien los adolescentes no disfrutan al pelear, éste es el único "lugar seguro" para sortear y encontrarle sentido a su vida cambiante. Es por esto que unas estructuras claras y unos límites bien definidos son fundamentales.

Para que usted pueda conservar su salud mental es importante que rompa con el aislamiento y no trate de ejercer en solitario la paternidad de un adolescente. Hable con otros padres acerca de lo que está viviendo en casa, hable de las cosas buenas y de las malas. Si simplemente se concentra en las buenas (y se guarda las malas para usted), se sentirá peor que antes, puesto que terminará convencido de que es un padre fatal. Si habla solamente de las cosas malas, se sentirá deprimido y desesperanzado, lo que no es mejor. Si habla de las unas y de las otras, se dará cuenta de que lo que está sucediendo en su casa en realidad no es distinto de lo que está pasando en otras casas. Esto ya le facilita no culpabilizarse de lo que está pasando. (Vea el Capítulo 18 si quiere más información al respecto.)

Por último, recuerde que gran parte de su rol paterno es cultivar la esperanza de su hijo adolescente. Pero, a la vez, recuerde alimentar la suya. Ésta le permitirá seguir adelante incluso en los peores momentos.

Capítulo 20

Ayuda profesional

¿Cómo saber que necesito ayuda profesional? ¿Qué debo hacer para obtenerla?

Es más difícil saber cuándo se necesita ayuda profesional que conseguirla. Por supuesto, esto es evidente cuando su hijo adolescente le solicita ayuda (lo que a veces sucede), pero lo más frecuente es que usted decida que él (o los dos) necesita ayuda y que él rechace tercamente la idea.

> Siempre que le menciono la posibilidad de buscar la ayuda de un terapeuta para tratar temas relacionados con nuestro divorcio, Thomas [mi hijo adolescente] me mira con desdén y se aleja. La terapia ha sido fundamental para mí, por eso quiero que él se beneficie de algo parecido, pero se niega rotundamente a ello.

Básicamente, la ayuda profesional es necesaria cuando usted tiene la sensación de que la salud y la seguridad están en peligro y se siente totalmente incapaz de enfrentar la situación. Una cosa es que su hijo tenga malas notas, y otra totalmente diferente es que llegue borracho a casa con mucha frecuencia. Lo difícil es que usted logre hacer una evaluación clara de la gravedad de la situación. Cuando se ha hecho una evaluación honesta, el paso siguiente es buscar ayuda profesional.

> Mirando hacia atrás, ahora puedo ver que Shelly tuvo problemas durante mucho tiempo, y nosotros simplemente nos negábamos a reconocerlo o a creerlo. Había perdido mucho peso, no salía ya con los amigos, nunca comía con nosotros y era obsesiva con el ejercicio. Pero yo no caí en cuenta sino hasta que una de sus profesoras nos llamó pues estaba muy preocupada por su salud. No puedo creer que nosotros no hubiéramos sido capaces de verlo, pero es evidente que no nos dimos cuenta.

Evaluar claramente una de estas situaciones es la parte más difícil. Los padres, que siempre quieren pensar lo mejor de sus hijos, están en una posición muy inestable para reconocer lo que está pasando. Por esta razón, puede resultar muy útil charlar con otros padres. Además, no le tema a recurrir a los profesores y a los entrenadores para saber cómo va su hijo adolescente. (No les haga ninguna pregunta directa relacionada con el problema, porque muy pocos de ellos están en posición de responderle clara y directamente. Además, con la pregunta puede afectar la imagen del adolescente y el mundo que él se está construyendo fuera de casa.) Cuando el chico tiene problemas graves, es muy raro que éstos afecten un solo aspecto de su vida.

> Estábamos preocupados porque no sabíamos qué hacía Byron en las noches, y muchas veces encontramos latas de cerveza en el automóvil. Por supuesto, él nos decía que eran casos aislados y nosotros siempre queríamos creerle. Pero después de la tercera vez, yo decidí hablar con algunos de sus profesores y también con su entrenador de béisbol. Todo lo que quería era saber cómo veían su progreso. Resultó que de los cuatro adultos que consulté, dos estaban muy preocupados por él y otro de ellos expresó ciertas dudas. Era evidente que teníamos que enfrentar la situación y quitarnos la venda que el amor de padres nos ponía sobre los ojos.

Hay, básicamente, tres enfoques que ayudan a enfrentar un

área problemática. El primero se concentra en la educación y la discusión antes de que surja una dificultad. Normalmente se da en casa y en la escuela. Por ejemplo, un conferencista es invitado a una clase de salud para hablar acerca de los problemas relacionados con el consumo de bebidas alcohólicas y de drogas. Los estudiantes reciben mucha información acerca del tema, escuchan una opinión personal y tienen la oportunidad de plantear preguntas, discutir y reflexionar.

El segundo se da cuando se reconoce la existencia de un problema, pero éste todavía no ha afectado seriamente a la persona. De nuevo, esto se da en casa y en la escuela, pero con frecuencia se aborda con ayuda profesional. Un ejemplo es la madre que descubre que su hijo adolescente está bebiendo alcohol o fumando marihuana. Algo está pasando, pero todavía no se han producido efectos serios. Esta situación debe ser enfrentada con honestidad. Es imperativo que se haga una reevaluación de las normas familiares y de los acuerdos a los que se haya llegado. También es necesario buscar más información relacionada con las drogas y con las bebidas alcohólicas (la necesitan tanto los padres como los adolescentes) y, posiblemente, se deba recurrir a un consejero especializado.

El tercero se da cuando el problema se ha establecido y ya ha causado estragos. En estos casos la asesoría profesional es indispensable, y en los casos muy graves puede ser necesario internar al adolescente en una institución. Por ejemplo, un chico que entra en un estado depresivo tan profundo que no encuentra la energía necesaria ni siquiera para levantarse durante varias semanas. En este caso se necesita, por lo menos, la atención directa y constante de un profesional.

Una vez decida que la ayuda profesional es necesaria, debe ser firme e insistente. Proporciónele a su hijo la posibilidad de elegir a qué profesional recurrir y qué tipo de terapia prefiere, pero no le pregunte si quiere o no buscar la ayuda. Si se rehúsa sistemáticamente a acudir adonde un profesional, ellos (los profesionales) por lo general cuentan con una gama de estrategias para lograr que el adolescente vaya a su consulta o para abordar el problema indirectamente a través de usted. Conozco a un profesional que se reunía con toda la familia, exceptuando al adolescente, y todo lo que hacía era enviarle al chico un resumen de cada reunión. Hubo un momento en el que el adolescente pidió asistir a las reuniones porque los resúmenes no contenían información correcta en lo relacionado con su comportamiento, al menos así lo sentía él. También hay ocasiones en las que usted puede buscar ayuda profesional para abordar temas relacionados con su actitud como padre (ver Capítulo 18).

Cuando llegue a la conclusión de que tanto su hijo adolescente como usted necesitan ayuda profesional, debe tener presentes varios elementos. Primero, y ante todo, que hay distintas posibilidades de elección. Cuando recurra al profesional (ya sea psicólogo, psiquiatra, consejero de familia, nutricionista, profesor particular o ginecólogo), recuerde que usted es el consumidor. En los primeros encuentros, asuma la posición de comprador. Más allá de la preparación y las habilidades de esta persona, lo que usted está buscando es alguien en quien confiar y que le inspire respeto. Proporciónele a su hijo la misma libertad de elección.

Segundo, en este período de búsqueda inicial, plantéele al profesional todas las preguntas que se le ocurran, no importa si parece impertinente. ¿Cuáles son sus honorarios? ¿Quién debe ir a las consultas: el adolescente solo, los padres o todos juntos? ¿Qué tan confidencial es lo que usted diga? ¿Y lo que diga su hijo?

Tercero, sus amigos son la mejor fuente de nombres de profesionales, especialmente los amigos que tienen hijos adolescentes. La mayoría de ellos han tenido que recurrir a alguno o al menos conocen a alguien que ha tenido que hacerlo. No tema preguntar. Si tiene dificultades con su hijo adolescente, no quiere decir que usted sea un fracaso como padre. También puede pedir consejo en el colegio: el coordinador, los rectores, los vicerrectores o los consejeros estudiantiles quizá tengan información. Ante todo, asegúrese de que son personas capaces de tratar el caso con toda la discreción y después proporcione toda la información posible para que le puedan dar la ayuda que necesita, especialmente para definir qué tipo de ayuda profesional debe buscar.

Cuando me di cuenta de lo que le estaba pasando a Celia, no sabía a quién recurrir. Por falta de un mejor punto de arranque, llamé a su consejero, quien me sugirió recurrir a la consejera general del colegio. Ella me prestó una gran ayuda al describirme los diferentes tipos de ayuda profesional disponibles y adecuados para enfrentar lo que le estaba pasando a Celia. Además de esto, me dio varios nombres de personas a las que podía recurrir y los nombres de un par de libros que podría leer. Me prestó una gran ayuda.

Capítulo 21

Consideraciones finales

Es posible que este libro haya removido muchos recuerdos de su juventud y le haya hecho pensar en su pasado y en su futuro como padre. El adagio "todo lo que hacemos deja huella" es, de muchas maneras, la piedra angular de las relaciones padres-adolescentes. Es inevitable que muchos aspectos de la relación sean complicados, así como la buena educación. Por tanto, los padres no deben esperar hacerlo todo bien siempre. De hecho, habrá tantos errores como aciertos, tal como le sucede a cualquier terapeuta, que necesita ser corregido "permanentemente" por sus clientes. Puede confiar en lo que le digo: siempre habrá otra oportunidad, no hay escapatoria. Este libro está dirigido muy especialmente a los padres reflexivos. Es un libro al cual puede recurrir cuando se haya equivocado y necesite repensar lo que ha hecho con el fin de mejorar su desempeño.

Espero que le haya servido, al menos, para tener claro que no hay nada escrito ni definitivo en la relación padres-adolescentes. Hay, sin embargo, ciertas actitudes y ciertos modos fundamentales de comprender las situaciones. Personalmente, considero que los horizontes que se describen en el Capítulo 2 son muy útiles para comprender muchos de los comportamientos de los adolescentes y para apreciar el contexto de los años de la adolescencia. Y durante la adolescencia, el contexto es prácticamente todo. Los horizontes también le permiten comprometerse, ser creativo y tener siempre la curiosidad despierta para poder intentar diversos modos y reacciones con su hijo, en lugar de hacer lo mismo una y otra vez, lo que resulta cada vez menos exitoso.

Es útil recordar que, gústele o no, usted es mucho más el "asesor" que el "director" de su hijo adolescente (exceptuando lo que respecta a la salud y a la seguridad). Si concibe su relación buscando la manera de ejercer influencia sobre él será mucho más eficaz que si aspira a ejercer el control total.

Ser padre de un adolescente es una experiencia siempre única, y cada vez plantea nuevas exigencias porque los adolescentes están alternando permanentemente (a veces simultáneamente) entre dos estadios de la vida: la infancia y la edad adulta. Su trabajo consiste en proporcionarle el ambiente propicio para que logre alcanzar la madurez de los adultos en lugar de estar viviendo episodios recurrentes de retrocesos infantiles. Después de todo, la adolescencia es pasión y aprendizaje. Los chicos están aprendiendo a echar mano de su pasión consciente y positivamente. Quizá lo mejor que usted puede hacer es conservar su consistencia, su amor, su esperanza y una fe profunda en que su hijo logrará hacer su camino con éxito. En síntesis, ámelo como es y no por lo que pueda llegar a ser.

También está claro que la paternidad es un arte. Y como todo arte, sus posibilidades son ilimitadas. Además, como con cualquier arte, cuanto más afine su potencial, más espacio habrá para los logros. La paternidad es también una habilidad, algo que siempre podemos hacer mejor.

Por último, quiero poner a su disposición las palabras de Robert Pirsig (autor de *Zen and the Art of Motorcycle Maintenance*), sobre, entre otras cosas, lo que tiene que ver con las instrucciones para armar un asador.

> Las instrucciones para armar el asador [léase instrucciones para padres] se refieren de principio a fin a la máquina [léase el adolescente]. Pero el tipo de aproximación que yo intento hacer no es tan estrecho. Lo que en realidad fastidia de las instrucciones de este tipo es que parecen implicar que hay una sola manera de ensamblar el asador, es decir, como quieren quienes las escriben. Y esto

bloquea cualquier atisbo de creatividad. Pero, en realidad, hay mil modos de hacerlo, y cuando a usted lo obligan a seguir un sólo camino, sin poner ante sus ojos el espectro completo, es muy difícil seguir las instrucciones sin cometer ningún error. Usted no puede involucrarse en el trabajo. Y no sólo esto, es poco probable que le hayan indicado el modo más adecuado... Y cuando usted supone que no hay sino una sola manera de hacer las cosas, las instrucciones, por supuesto, empiezan y terminan exclusivamente con el asador. Pero si usted tiene que elegir entre un sinnúmero de posibilidades, entonces la relación de la máquina con usted y con el resto del mundo tiene que ser pensada, porque al tener que elegir entre muchas opciones, el arte de su trabajo depende tanto de su mente y de su espíritu como del material de la máquina. Por esta razón, usted necesita la serenidad mental.

La perspectiva que Carl Jung nos ofrece es un poco diferente: "Al conocimiento no se accede sin dolor". Desde este punto de vista, la educación de un adolescente nos brinda muchas oportunidades para dar saltos en el conocimiento. Y esto es difícil (pero vale la pena recordarlo) cuando la habitación de su hijo adolescente sigue vacía a las dos de la mañana, cuando el teléfono no suena, cuando lo citan a una reunión en el colegio, cuando le está comprando un traje para la fiesta de graduación, cuando *no* le está comprando un traje para la fiesta de graduación, y cuando encuentra latas de cerveza vacías en el auto. Cuando todo se ha dicho y hecho, su hijo adolescente lo necesita y lo quiere como un aliado, no como el enemigo, durante esta fase tan vital y tan confusa de su vida.

Agradecimientos

Este libro no se habría escrito sin la colaboración de Megan Twadell-Riera y Joe DiPrisco. En muchísimas ocasiones sólo me sostuvo la confianza que Megan depositó en mí y en mis ideas. Sin la agudeza editorial y el constante cuestionamiento de Joe, el libro no hubiera tomado forma. Es mucho lo que les debo a los dos. Muchas gracias.

También quiero agradecer a todos aquéllos que leyeron y comentaron el manuscrito en las diversas etapas de su proceso: Carol Twadell, Julie Terraciano, Jane Dirkes, Al Hammer, Bodie Brizendine, John Dyckman, Hadley Hudson, Mario DiPrisco, Guy Stiles, John Erdman y Lenzie Williams. Su aporte fue fundamental.

Peter Beren, mi agente, y todos en Celestial Arts han sido maravillosos. Mis más profundos agradecimientos a David Hinds, Veronica Randall, Colleen Paretty, Kathryn Horning, Fifth Street Design y Victor Ichioka. Gracias a todos ustedes, escribir este primer libro ha sido un placer de principio a fin.

Por último, quiero agradecer a Celestial Arts por haber publicado el libro y por haberme proporcionado la oportunidad de expresar mi gratitud a algunas de las personas cuyos aportes han sido fundamentales para la estructuración de mi pensamiento, ellos son: Peter Baldwin, Harry Kisker, John Dyckman (una vez más), Robert Green y Amadeo Giorgi. Muchas gracias a todos.

Sobre el autor

Michael Riera, Ph.D., estudió economía en la Wesleyan University de Connecticut, hizo una maestría en Consejería Psicológica en Antioch University y obtuvo su doctorado en Consejería Psicológica en el California Institute of Integral Studies de San Francisco.

Desde 1983 trabaja con padres y adolescentes, en escuelas secundarias y universidades, como consejero estudiantil, maestro y decano de estudiantes. También participa con regularidad en programas de televisión y radio sobre adolescentes.

Ha escrito varios libros sobre el tema: *Surviving High School* [Sobreviviendo la secundaria], dirigido directamente a los adolescentes, y *A Field Guide to the American Teenager* [Una guía de campo sobre el adolescente estadounidense], junto con Joe DiPrisco, Ph.D., con quien escribió también su libro más reciente, *Right From Wrong: Instilling a Sense of Integrity in Your Child* [Entre el bien y el mal: cómo estimular un sentido de integridad en su hijo] (próximo a ser publicado por Editorial Norma). Su página web se puede consultar en www.mikeriera.com.